AKA Louis

L'Oasis Du Réel

**Ou, La Vie,
La Voie, La Fleur,
& La Fraternité
Du Désert**

///

© 2021, AKA Louis
© *Silent N' Wise / Silencieux X Sage*
Couverture, Textes et Artwork
Par AKA Louis
Éditeur : BOD – Books on Demand,
12 – 14 rond-point des Champs Élysées,
75008 Paris
Impression: BOD - Books on Demand,
Norderstedt, Allemagne

ISBN: 9782322271450

Dépôt Légal: Janvier 2021

Table des Matières

I/ PRÉAMBULE

1/ L'Oasis du Réel /9
2/ L'Arabisme *Comme* Lumière /13
4/ A Propos de Style /22
5/ Résumé de cet Opus /23
6/ La Ponctuation Dans Le Texte /24
7/ Notes de Lecture /26

II/ TEXTES POÉTIQUES

I/ Le Prêche De L'Arabe Ancien Par La Rose Noire/39
II/ L'Imamat De La Corolle & Du Vin Pourpre/s /145
III/ La Fraternité Du Désert & L'Oasis Du Réel/223

III/ BIO X INFOS

1/ Bio /333
2/ Contact x Liens /335
3/ Ouvrages de L'Auteur /336
4/ Audio x Vidéos /338
5/ Conseils de Lecture/1 & 2 /340 & 341

Ce Livre Ne Fait pas
La Promotion
d'Attitudes dangereuses

Mais Prône, Un Certain
Art, de Vivre,

La Décence, Et la

Dignité,

Face A L'Exclusion,

Et Aux Problèmes,

De Droits Humains...

Les Expériences Psychédéliques
Impliquent,
Toujours Risques Et Dangers.

/Louis AKA/

/ / /

Je/ Prône/ Le/

Respect/ De/ La/

Langue/ Arabe/

Comme Fraternelle

Témoignage/
Du/
Réel/ / /

X Langage/ Du Cœur/

/ / /
Je Confesse/
L'/Arabisme/ / /

'AKA'

Si/ *Dieu_*
N'Existe pas/ / / X Que
Tu As La / Foi_

C'Est
que Tu Sais *ce Que*/
Croire/ Veut Dire/ / /

'AKA'

La Marge, N'Est pas
Une Norme,

Mais La Norme,

Est, *Insolite...* ...

'AKA'

1/L'Oasis Du Réel

Les Thèmes de ce Livre, Sont
Abordés Sous L'Angle, Poétique Et Non,
Sous L'Angle,
Religieux...

La Récurrence, de L'Évocation,
De La Piété, Dans Nos OEuvres,

Témoignent du Monde, de L'Âme,
Et Non du Prosélytisme...

C'Est Un Parti Pris, d'Humanisme,

De Rendre A L'Art,

Sa Noblesse, Et Sa, Mission,

De Traiter, de Grandes Thématiques,

Sans Verser, dans La Philosophie,

Ou *L'Intellectualisme,*

Qu'Il Soit Explicatif,

Ou Purement, Spéculatif...

/C'Est Le Rôle, de La Culture,

De Former, Les Âmes,

En tant que Travail, de

Recherche,

Et De Quête, Intérieure,

Du Salut Insolite...

L'Iconoclasme,

Explique,

La Puissance, de L'Art,
Dans Sa Force,
d'Interpellation...

Le Rôle, de L'Artiste, Est d'Eveiller,
Les Cœurs...

L'Imamat, Ou Guidance,

La Rose, Noire,

Ou, Amour, Meurtri, Re/Corollé...

Et Éclos, De Nouveau...

/La Fraternité Du Désert,

/Sont Autant des Thématiques,

De La Souffrance, Humaine,

Que de L'Existentialisme,

De L'Engagement, Par Contraste,

Sans Référence, de Pensée,

Ou de Penseurs...

Modernes, Contemporains,

Ou Possibles...

/L'Oasis Du Réel, Est Le

Refuge, Auquel On Est Parvenu...

Et qui Ne Demande qu'À Éclore,

Dans Toute sa Plénitude,

Et Son Éclat,

Afin que L'Humanité,

N'Ait Pas d'Exclus...

Même Dans La Terreur,

Du Crime,

Et de La Mauvaise Foi.

Le Rôle, de L'Orient,

Intérieur,

Est d'Être Un Refuge,

Pour Les Sans Salut...

/Et Celui de L'Horizon,
De L'Asie,

Est d'Être Un Paradis,

Pour Ceux qui N'En Ont pas...

Lorsque L'Âme A Mal,

On Est, Averti,

Sur L'Origine, du Mal,

/Et Sur celle du Martyr,

Avec Pour Devoir,

De Prôner L'Humanisme,

Et la Gloire d'Être Humain,

Et de Le Rester, Avant Tout...

2/L'Arabisme *Comme* Lumière

L'Arabisme Est Le Langage du Cœur,
Et de L'Élévation de L'Âme, Par L'Amour
Du Prochain... Le Réel, Est Marginal,
Et que L'On Parle des Hautes Sphères ou des
Bas Fonds, La Réalité Sociale, *Reste
Une Impasse...*
/C'Est La Dimension Intérieure de
L'Individu, qui Fait Le Monde,
Et qui Façonne L'Environnement...

C'Est La Culture, Et La Fraternisation,
Par Le Langage de L'Âme, qui Permet,
Le Dialogue...

Et Les Relations, Sur des Bases,
Réellement, Humaines, Et
Humanistes...

Il N'Y a pas de Supériorité Raciale.
L'Arabisme, Est Le Contraste, Et
L'Amour du Prochain qui En Résulte.

Par Arabisme, Nous Entendons,
L'Impossibilité, Pour Un Être Humain,
d'Être Supérieur, à Un Autre, Par
La Race, Dans Tout Le Respect, de La
Diversité des Peuples, Et La
Reconnaissance de La Spécificité

Culturelle...

Le Respect, de
L'Innocence, Ne Fait pas des Idiots,
Mais des Êtres Avertis,

L'Arabisme, Est Une Lumière Pour
L'Humanité, Et Un Défi pour Les
Temps à Venir,

Afin de faire face à Un Extrémisme,
A Double Visage,
d'Instrumentalisation, Et de
Stratégie, de La Peur,

Qui Ne Comprend Rien, à L'Islam,
En Tant que Mode de Vie,

Et qui En Méprise la Culture,
d'Humanisme, Et de Main, Tendue,
Ou Amour du Prochain.

Nul Ne Peut Pratiquer,
L'Islam Sans Prendre Conscience,
de Son Arabisme,

C'Est à Dire, sans Dépasser,
Sa Condition Raciale...

L'Arabisme, Est Une Lumière, *Du Cœur*...

Le Langage Poétique des Lettres,
Et des Versets... Au Delà du Simple

Facteur Ethnique, Pour Rassembler des
Peuples, Et Fraterniser, Plus Loin.

L'Arabisme, Est Une Difficulté Et Un Effort, Qui
Consiste à faire Triompher Le Contraste Sur Les
Opposés, En Acceptant, *Ou* En Reconnaissant, La
Marge Comme Une Lumière d'Humanisme Et
d'Humanité...

Celui qui A Été Témoin du Pire,
Est Une Lumière Pour Les Autres, Quand Il
Appelle, Au Respect de L'Innocence, Et à La
Condamnation du Criminalisme...

La Reconnaissance de La
Difficulté d'Être Arabe,

Ennobli Le Cœur,
Et Produit L'Élévation de L'Âme...

L'Histoire de L'Humanité, Devrait Être
Reconsidérée... Ou Revisitée, Sur L'Origine,
de ces Questions,

Mais Le Manque de Bonne Foi,
Risquerait de Tout
Aggraver...

Il faut se Concentrer, Sur
L'Essentiel,

Aimer Son Prochain,
Et Pardonner, Autant que Possible,

Pour Faire de L'Arabisme,
Comme Issue du Langage, Un Antidote,
Au Suprémacisme Racial.

On Peut s'Obliger Soi-Même à Faire
Quelque Chose, Mais ce N'Est
Jamais Une Obligation,

Seulement Une Question,
De Cœur, Et Une Manière d'Aimer.

L'Amour Est Une Forme
de Servitude...

L'Arabisme, Est Une Lumière, Pour
Le Judaïsme, Et L'Islam,
Confondus, Par L'Enseignement
Du Désert...

Cette Réalité, Nous Invite à
Qualifier L'Arabisme, de Fraternité du
Désert, Et d'Amour Pour Ceux
Qui Ont Survécu Pour Être Aller Plus Loin
Que Prévu...

C'Est L'Oasis Du Réel,

C'Est Le Réel, des Derviches...

/L'Art Est Le Trésor, des
Pauvres...

L'Oasis Est Pour Le Désert,
Le Refuge Absolu...

L'Afrique Prône, L'Arabisme, Et Non
La Couleur Noire...

L'Obsession, Pour La Couleur
Noire, Produit des
Extrémismes, En Occident,
Et dans La Diversité des
Cultures...

En Général, Par Ignorance,
Essentiellement...

/La Lumière Et La Clarté, Seule,

Sont, Les Issues, Aux Drames,
Et à La Souffrance.

Non, La Supériorité, d'Une Couleur
Sur Une Autre...

Quelle qu'Elle Soit...

/La Volonté de Mettre
La Couleur Noire Au dessus d'Une
Autre, Est Une Obsession, Essentiellement
Occidentale,

L'Afrique Prône, Un Humanisme,
Par L'Arabisme, C'Est à Dire,
Par Contraste De La Lumière Comme

Sacrée, Et Inaccessible Au Profane.

L'Afrique, Prône Le Contraste,

Non L'Opposition, Ou La Supériorité...

/Le Prophétisme, Est Judaïque,

Le Message, Est Islamique...

/L'Arabisme Est Lumière,

En Tant que Verbe de L'Amour Du Prochain...

/L'Afrique Prône L'Arabisme, Sous Une Forme Iconoclaste,

Et Difficile à Comprendre,

C'Est à Dire,

Comme Langage du Contraste,

d'Une Approche Prude,

De La Condition Humaine...

/La Question de La Couleur Noire, N'Est pas Un Détail...

Mais Seule Une Manière Avisée, de
L'Aborder, Permet de Faire Avancer
Le Débat.

Le Noir, Comme Couleur, Perçue,
Appréhendée, Et Estimée,

Et Un Tabou Majeur...

/Parler de Rose Noire, d'Iran,

Peut Paraître, Mystérieux,

Mais En Considérant, ces Éléments,

Apparaissent, Clairement,
L'Évidence, Et, L'Origine, de La Peur,

Lorsque Que L'On Considère Le Mal,
Avec Sincérité...

/Et Le Prix, de La Sincérité, Est
Élevé...

/La Rose Noire d'Iran, Est
L'Évidence,

De ce qu'Il Ne Faut pas faire,

X qui Pourtant s'Impose, Quand
Tout Est Perdu...

/Les Habitants du Désert,

Sont, Les Pauvres En Esprit, Et Leur Richesse, Est Le Sacrifice de La

Mauvaise Foi...

La Mauvaise Foi, Est à L'Origine,
Du
Martyr...

/L'Évidence d'Une Réalité Suprême Sans Couleur,

Est Un Incontournable
En Humanisme...

/L'Arabisme, En Est L'Expression,

De Par Sa Diversité de Formes,

Et de Par La Fraternité, de Son Langage,

Comme Transculturel,

Et Transnational,

Dans Le Respect des Espaces, Clos... De Vie Et du Sacré,

De L'Identité Suprême.

Le Sacré, de La Rose, Noire,

Comme Symbole, de Contraste,

De La Lumière,

Est, Un Témoignage,

De La Miséricorde,

Du Salut de Paix,

Et de La Bénédiction...

/Pour Ceux qui Ont Vu La Mort,

Et Qui Ont Souffert,

Par Traîtrise,

Et Oubli de Soi...

/Le Réel, En Tant que Refuge,

Et Oasis,

Met Fin à La Question,
De La Présence, Ou de L'Absence,
De La Divinité,

Par Le Salut des Âmes.

3/A Propos de Style

Nos Textes n'Ont Pas de Prétention à La Sagesse, ou Aux Sens Cachés. Ils Constituent, Avant Tout une Invitation, à Vivre, que Nous Transmettons, après l'avoir Nous Mêmes Reçue. Nous Ne Faisons qu'évoquer des Aspects Culturels, Accessibles à Tout Le Monde, et à Celui, En Particulier, Qui Sait se Frayer Un Chemin, Malgré Les Apparences Trompeuses. La Dimension Allégorique et Métaphorique des Textes des Poètes Orientaux, est Faite Pour Éveiller la Jeunesse, et Lui Permettre de Trouver Un Espoir et Une Issue. Derrière la Façade des Plaisirs, et de la Licence, Apparentes Seulement, ce Sont Les Plus Grands Thèmes, et Les Tensions Existentielles Les Plus Épineuses, Qui Sont Évoquées Et Résolues par l'Ivresse. Sans Pouvoir Atteindre l'Intensité et La Noblesse de cette, Ivresse Pieuse, Nous Avons Choisi à Travers Nos OEuvres, Le But de Perpétuer Un Certain État d'Esprit, en l'Actualisant Avec l'Ère Moderne et le Style Contemporain. Les Fondamentaux du Langage soutenu Sont Là, Mais la Fantaisie, N'est Pas Absente... L'Ivresse Poétique, N'est Pas Seulement
Un Domaine, de Lettres, Mais Aussi
Une Discipline de Vie...

/ / /
(Dans ce Livre, La Question du Narrateur, Reste Posée. Mais Ni L'Auteur, Ni Le Lecteur, Ne Sont Obligés d'Y Répondre)

4/Résumé De Cet Opus

'L'Oasis du Réel', Est Un des Opus
Les Plus, Ambitieux, d'AKA Louis,
En Termes, d'Écriture/s,
'La Rose Noire d'Iran', Restant,
Son Ouvrage, Le Plus Simple,
Le Plus Accessible, Et le Plus,
Épuré...

Inspiré, par Les Thèmes, de La
Fraternité, du Désert,
Et de L'Exclusion,
de La Marge, En Société, Et de La
Quête, de Soi, Illustrées,
Par Le *Dervichisme,*

AKA Louis, Livre 189 Textes,
Poétiques, Ciselés, Et
Audacieux, bien que Téméraires.

Ce Livre, Au Delà, des
Thématiques, de L'*Orient,*
De L'Afrique, Et de L'Arabisme/s,
Est Une OEuvre, Originale,
Et Singulière...

/ / /

6/La Ponctuation Dans Le Texte

/// Virgule/, : Une virgule marque un léger temps d'arrêt. Idem pour une coupure : (…)
Points de suspension/ … : Les points de suspension marquent environ deux temps d'arrêt et de silence. Doubles points de suspension/ … … : Deux groupes de points de suspension marquent environ quatre temps soit une mesure d'arrêt.
Saut de ligne : Un saut de ligne marque une pause, bien sentie. Un saut de deux lignes marque une double pause, bien sentie. Un grand tiret/ _ : Un grand tiret marque une pause subtile, avec appui sur la dernière syllabe. Retour à la ligne : Un retour à la ligne marque un rejet d'un mot, mis en valeur au début du vers suivant, avec un appui sur la fin du vers précédent. X ou x : Un « x » signifie « et ».
Tempo : La durée des temps d'arrêt ou de silence se détermine par rapport au tempo de la lecture. Ce tempo est celui d'une lecture « normale ». Elle est plutôt vive et rapide, mais laisse place aux mots. // La rythmique des textes n'est pas toujours évidente, mais elle est bel et bien présente. Le Lecteur doit retrouver la dimension verbale, et musicale poétique, et accéder ainsi à la Signification Interne.
Ces éléments de ponctuation ne sont que des indications. Leur utilisation relève parfois, aussi, de l'esthétique. L'emploi inhabituel des majuscules est pure Licence Poétique, et ne doit pas dérouter le Lecteur. ///

/Autres Éléments De Ponctuation/

La Ponctuation, Dans Le Texte, Sur Les Ouvrages
Les Plus, Récents, Ne Dépend Pas Du Rythme,
Uniquement, Ou de La Structure, de La Phrase,
Mais Du Flot, De Son, Inspiration,
d'Écriture...

Il En Va De Même, Pour La Mise, En Page,
Qui Dépend, Également, du Flux, de
L'Inspiration, Et De La Vocalisation,
Dans ce qu'Elle A de Plus Poétique.

L'Usage, de La Ponctuation, Est
Totalement, Inhabituel.

Le Slash, '/', Sert, Également, A
Marquer, Le Rythme, de Manière Plus Ou moins,
Précise...

L'Ensemble, de La Mise En Page, Et de La
Ponctuation, Doit Aider, à La
Lecture...

L'Écriture, des Textes, Repose, Sur
L'Improvisation, Verbale.
Le Jeu, Sur Les Sens, Et Les Sons,
Mis En Scène Par La Mise, En Page,
Mettent En Valeur, La Dimension, Verbale, Et
Vocale, De Cette Création, Littéraire.
/ / /

Notes de Lecture

De Toute Notre Vie,
Nous N'Avons Jamais Été
Considéré Comme *Noir, Ou
Africain...*

Nous En Avons Beaucoup
Souffert, Puis Nous En
Avons Tiré des Leçons, Et

Décidé d'En Tirer Parti,

En Faisant Quelque Chose,
De Constructif...

L'Afrique Ne se Revendique,
Pas, Et *Ne se Revendique,
Jamais...*

Quels Que Soient, Les
Discours,
Ou Le Désir d'Identifier Une
Personne Sur Le Plan,
Ethnique,

Nous Mettons Quiconque Au Défi
de Dire de Quelle Origine Nous
Sommes,

Et Nous *Ne Revendiquons
Plus Aucune Origine.*

Cette Prise de Conscience,
Amorcée Notamment Par

La Question Universelle
de L'Esclavage de L'Humanité,

A Été, Le Point de Départ,
De Notre Humanisme...

Et de Notre Quête du
Dépassement du *Colorisme,*
Et de La Condition
Raciale...

Nous *Ne Revendiquons Plus
Aucune Origine,*

Et Nous Mettons Au Défi
Quiconque de Dire de
Quelle Origine Nous Sommes.

Nous Critiquons Toute
Prétention à Désigner
Quelqu'Un Par Ses 'Origines',
Ou Par sa 'Race'...

Dans Toute L'Ampleur Et
La Limite de ces Termes...

/
Toute Forme de
Colorisme, Aboutit à La
Confusion...

Qui Est Noir, Ne Peut
Défendre L'Idée d'Une
Divinité Ou d'Un *Dieu* Noir.

ça N'A Aucun Sens.

La Souffrance Nègre
Empêche Une telle Idée...

Et La Couleur Noire,
Est Un Grand Piège du Monde
Spirituel...

Le Réel s'Exprime Par
La Diversité.

L'Arabisme, En Tant
qu'Expression du Contraste
Est Une Forme d'Amour du
Prochain...

De Par Son Iconoclasme,
Anticonformiste,
Et Sa Critique
de L'Uniformité...

C'Est Une Question
de Justesse du Langage...

/

L'Arabe, Par Principe,
Qu'Il Soit Parlé Ou
Non,

Est La Langue Poétique
Du Réel,

Dont Les Adeptes, Par
Delà, L'Islam de La Lettre
Et du Pied de La Lettre

*Sont Les Derviches, Et
Les Soufis,*

De L'Au Delà de La Lettre,
Et du Temps Zéro...

Il Y a des Humanités,
Dans Une Diversité,
De Contraste...

L'Humanité N'Est qu'Une
Dans Son Principe,
Mais L'Être Humain Est
Fait Pour Aimer Son
Prochain...

L'Art Et La Poésie,
Sont Une des Plus Haute
Forme d'Expression de cet
Amour...

Le Thème de La Rose
Noire, Et

De L'Arabisme,

Présent, dans Nos
Précédents Ouvrages,
Méritait, de Plus
Amples, Explications...

C'Est Désormais, Chose
Faite, Avec Le PréAmbule de ce Livre...
Et Notre, Prochain Ouvrage
Ira, Plus Loin, Sur ce Thème.

/ / / Par Arabisme, Nous
N'Entendons pas Le Fait
d'Être Arabe,

Au Sens Le Plus
Trivial,

Mais La Dimension
Poétique de La Langue
Arabe, Par Son,
Univers Culturel...

Et Sa Proposition,
De Fraternité...

C'Est La Raison, de
L'Expression, d'
Arabisme de Lettres
Et de Versets,

Proposée, Dans Nos Livres

Les Plus Récents,

Et Sous Entendue, Dans
Nos Meilleurs Textes...

Le Langage de L'Âme
Est Salutaire...

Par Arabisme de Lettres
Et de Versets,
Nous ne Signifions,

Pas Le fait d'Être
Arabe, Au Sens
Prosaïque,

Mais Par La Langue
Et La Culture...

Ce qui, Sur Le Plan
Poétique,

Et Un Humanisme,

Et Un Message,
De Paix...

/Celui qui s'Est Perdu

Et A Été Exclu,
Dans Le Désert...

A Pour Guidance,

Le Souvenir de
Son Âme...

Et La Gloire d'Être Frère...

Par Delà Le Jugement,

Et la Loi du Sang...

C'Est Un Message,
d'Humanité,
Et d'Humanisme...

Contre La Méchanceté,

Et L'Ostracisme...

/L'Aurore des Marges,

Est Le Salut des
Sans Salut...

L'Existence de *Dieu,* N'Est
Jamais Démontrée,

Mais Qui Peut Vivre
Sans Espoir...?

La Foi Est Nécessaire,
Pour Aller de L'Avant...

L'Absence de Foi,

Entraîne Une Croyance,
En, La Mort...

Celui qui Ne Croit,
En Rien, Tue
Pour Avoir Raison...

Et c'Est Un Problème.

L'Humanisme, Est Une
Nécessité...

C'Est Dans ce Sens que
Nous Proposons,
L'Arabisme...

*L'Arabisme, Comme Salut,
Ou Amour du Prochain.*

La Rédemption Vient
Par,
L'Amour...

L'Amour Sauve...

///

L'Africain Prône,
L'Arabisme, Et L'Oriental
Est Un Partisan de La
Lumière...

L'Orient, Est Un

Témoignage *de La Couleur Noire,*

Mais ce Témoignage,
Ne Relève pas de
Considérations Raciales...

C'Est, Le Vis à Vis,
Du Témoignage de La
Lumière...

///

Celui qui Boit, Du
Vin Est de Bonne Foi,
/
Il Ne Cautionne, pas
Le Mal...

L'Inexistence, Est Le
Critère Absolu,
En Matière de 'Divinité'.

Tout Arabisme, Mène à
L'Orient, Et Au
Témoignage de La
Lumière... Comme
Clarté Radicale...

L'Orient Est La
Réalité Suprême, En
Termes d'Élévation de L'Âme,
Et de L'Amour du Prochain.

Les Questions Les Plus
Sensibles Touchant Au
Judaïsme Et à L'Islam, Ne
Seront Pas Réglées, Sans
Critiques Objectives,
Des Approches Habituelles
De *La Couleur Noire*...

Que Sont La Négrophobie,
Et Le Racisme, Qui En
Découle,
Sous Ses Différentes,
Formes,

Les Plus Visibles,
Comme, Les
Moins Évidentes...

Cette Démarche Nécessite, Une
Grande Sagesse, Et Un
Humanisme, à Toute Épreuve...

Nous Avons Commis Pour ce Livre
La Même Erreur que Pour

'La Coupe de Vin & L'Arabisme'

Les Textes Sont Trop Longs,
Et Sont Difficiles
à Lire...

Notre Mode d'Écriture Étant
Basé Sur L'Improvisation,

Verbale
Et Le Premier Jet, En
Général,

Il Est Risqué, de Les Remanier

Sans Détruire La
Spontanéité de La Créativité.

Nous Avons Donc Fait La
Meilleure Sélection Possible...

En Espérant, Trouver Une
Solution,
/ / /
Pour Que La Lecture Soit Aussi
Agréable, Et Intéressante

Que Le Contenu Le Permet.

Reconnaître Ses Torts,

Se Repentir, Et

Marcher Sur La Voie de
L'Amour du Prochain

Est La Voie de La
Rédemption,

Et du Salut De L'Humanité

/ / / Exclue...

[,..]

Je Suis Arabe/
Par/
Les Lettres///

Et/ Le/ Pourpre/
Du/ Calame///

Je/ Suis/

Le Bédouin/

De L'/Oasis/ Du/
Réel///

'AKA'

L'/Équation/ Immesurable

Est/ L'/Équivalence
De *L'/Arabisme/s/* X/ de
L'/*Amour du Prochain/ / /*

'AKA'

I/Le Prêche De L'Arabe Ancien Par La Rose Noire/
Textes d'Éclipse/s & de Révélation/s Poétiques

Par/ *Le Noir/* du
Soir/
Qui/ N'/Est
Pas/ Un *Noir/ / /*

/
Par/ L'/Al Khôl/
Interdit/
De/ *Tes Yeux/*

/ô/ Colombe/
Où/ Est_
L'/Aube///?

Où/ Est L'/Art X
Sa/
Limite///???

'AKA'

1.

Il Faut_
Respecter_ Le
Salut/
Des Autres///

/
Le Salut_ des
Sans Salut/

A Pour/
Imamat///
Le Verre_ De/
Vin/

X/
La Corolle/
Pourpre///
///
A/ L'/
Horizons/ Du
Dervichisme/

X/ Du/
Mahdisme/ Des/
Blanc Vêtus///

→

Sache/ Que Je
Détiens/
Le Sabre///

Qui s'Enorgueillit
De N'Être/
Allié/ Du Sang///

Pour que Le/
Vin/
Soit/ Bu/
A L'/Aurore/s//

X Que/ Les
Fleurs/
Soient/ Respectées/

'AKA'

2.

L'Amour_ Est
Un_
Marginal_

Entre_ Free Jazz
X_ Arabisme/s...

Entre_ Arabesques
/X/ Tapis_ de
Prière/s///
/
Le Cri_ De La_
Détresse///

Est_ La/
Justification/ De
L'Art/

Par_ La/
Chevalerie_/ Du
Verbe///

/Ou/ L'_
Improvisation/
Du Sax///

→

Le Salut/ Est/
Dans/
L'Arabité/s/

X/ Le Croissant
De Lune/ A Son/
Summum/
De/ Bravoure///

A La Lisière_
Du Dervichisme///

'AKA'

3.

Par La Fleur/
Haute/ En/
Essence/s X/
Parfum/s///

Par/ La/
Prière/ X Sa
Mélodie/s/
Silencieuse/
De Prosternation/

Je Suis/
Derviche/ A En/
Mourir///

A En/ Finir/
Éclos/
Dans Une/
Roseraie///

Nul Homme Ne
Peut Se Réclamer/
De moi///

→

La Poésie/ m'A/
Fait Tant Ivre/

Que Le Vin/
De Vivre/
Est Devenu/
Limbe/s/
d'Étourdissement/

X Timbre/
De Rossignol/
Amant/ De L'Un///

'AKA'

4.

Ma Pratique/
Est/
L'Art///

Dans La/ Limite
/Du/ Tapis/

X Du/
Recueillement/

L'Ivresse/ Des/
Prière/s/

X/ De L'Eau/
Coulant/ Sur mon
Visage///

Mains/ X Pieds/

Font de mon/
Être/

La Chorégraphie/
D'Un/ Derviche_

→

La Fleur/ d'Une
Âme/
Tranquille/

Le Kalame/ Du
Doigt/ Levé///

L'AlKhôlik/

Qui/

Calligraphie/

La Geste/ des
Colombes/

En Lettres/ De
Khôl///

X Parfum/ de
Volute/s/ d'Encens/

'AKA'

5.

Rose/ Noire/
De/
Derviche/s/

Étourdissement/
X/ Transe/s///

/
Catalepse/s/

/ / / Danse/ Gauche/
De/
La Gravité/

X/ Parfum/s/
De/
La Corolle/
Du/
Néant///

→

Proposent/ Une
Autre/
Manière d'/Aimer/

Quand/ Le Sens/
De L'Amitié/
N'Est/ Plus Là/

Demeure///
L'Essence/ Du
Pourpre/s d'Onyx///

'AKA'

6.

A/ L'/ Orée/
De/ La
Rose/ Noire/
X/ De/
La Poésie/
Sous Le/
Manteau///

A/ L'/
Aurore/s/
De La Corolle/
Qui/ Naît/
Sous Les/ Pas
Du/ Derviche///

Je Danse/ Je/
Danse///

Jusqu'Au/x
Vertige/s///

/
J'Invoque/ La/
Grâce/ Pure/
De/
L'Inexistant/

→

Il/ Y/ A/
Un Cortège/ De
Pétale/s/
Qui Fleurit/ Aux
Abord/s///

Du Précipice/
Abstrus/ De L'/Art
D'Aimer///

Encore/// Un Peu/

'AKA'

7.

j'/Ai/ Perdu/
Mes/
Origines///

La Rose/ Est
Noire/
En/ L'/
Horizon/ d'/
Iran/ X Je Le
Sais///

Porte/ moi/
Considération/
En/
Derviche/s/

Je Sais/ que
Le Réel/
Est/ Une Lumière
De/ Roseraie///

D'Aurore/s///

'AKA'

8.

Par/ La/
Coupe/
Débordante/

J'/Entame/
Les/
Prêches/ De/
L'Entourbé///

/
Par/L'/
Aurore/s/
Ruisselante/

X Les Pétales/
Du Turban///

La Dignité/
Du/
Derviche/

Est/ Le/
Salut/ Des/
Sans/
Salut/

L'Imamat/ Du/
Vin/
Pourpre/
Est/ La Rose/
Noire/ De/
Perse///

'AKA'

9.

Entre/ Rose/
Noire X/
Psychédélisme/

X/

Trahison/
En/
Amour/s/ A/
La Fin/ des
Temps/

Je/ Sais/
Que/
L'/Aurore/
Est La Limite/
De/ L'/Art///

Je Sais/
Que/
L'/Imamat/ De/
La/
Corolle/ Est
De/ Pourpre/s
/
'AKA'

10.

Use/ De/
Sucre/ Afin/
Que/
Je Te/
Reconnaisse///

Dupe/ La/
Ruse/ X/
Tu/ Seras/
Un/ Derviche/

Complexe/ Est/
L'/Art/
Versifié/ Du/
Temps///

D'Iran/ Est/
La/
Rose/ Noire/
Veloutée/ X/
Empourprée///

'AKA'

11.

Il/ N'/Y a
Pas/ De/
Demie Mesure/
dans/ la/
Négritude///

/
Soit/ On/ est/
Noir/

Soit/ On N'L'Est
Pas///

Les/ Origines/
Se/ Sont/
Perdues///
En/ Guise/ De
Pardon/s//

La Rose Noire/
De/ Perse/
A Vaincu/ La
Mauvaise/ Foi///

X/ La/ Traîtrise/

'AKA'

12.

J'/Ai/ La
Rose/ Noire/
Pour/
Preuve/ De/
L'/Inexistant/

/
X/ Le Khôl/
Des/ Pupilles/
Fardées/
Des/ Colombes/
Ebahies/

/
Étourdi/ Par/
Le Langage/
De L'Arabisme/s/
Comme/ Par/

Ivresse/s/

J'Ai/ Le Désert
Pour/ Contrée/
X/
Oasis/ Sans Toit/
Ni/ Murs///

'AKA'

13.

Mieux Vaut
Passer/ Pour/
Un/
Derviche/ que
Pour/ Un/
Saint///

L'Arabe/
Ancien/ Prêche
La Rose/
Noire/// Par/
La/ Poésie/
Sous_ Le/
Manteau///

Le Compte/ des
Perles_
/Fait Naître/
Des Corolles/
En Rosaces///

La Raison/ s'/
Éclipse/
A La/
Proclamation/
Du/ Raisin///

'AKA'

14.

La/ Vérité/
Est/
Triste/

/
Une/ Bande/ De
Derviches/
Poétise/ Sur/
Le/ Chemin///

Qui/ Mène/

A/ La/ Rose/
Noire/
d'Iran/

→

Grand X/
Sombre///

Le Maure/ Est/
De/ Blanc/
Vêtu/

/Mince///

X Les Étoffes/
Sont Ornées/
De/
Liserés/
Floraux///

'AKA'

15.

Par/ Le/
Sceau/ Du/
Garçon/
Courageux///

Ô/

/
Par La Rose/
Noire/ En/
Cœur/ De
Pèlerinage///

/
Qui Se/
Veut/ *Dieu/*
A La Place/
De *Dieu/*

Ne Verra/
Jamais/ la/
Grâce/ Du/ *Réel/*

→

/
Il Y A/

/
Un/ Parfum/s/
De Fleur/
Pour Guider/
Les/ Derviches/

/
Le Sabre/ En/
Biais/
Est/ La/
Chevalerie/ *Du
Verbe/ / /*

'AKA'

16.

Je me Suis/
Revêtu/
D'Une/ Rose/
Noire///

Avec/ Des
Pétales/
Pour Plis/
D'Étoffes/ X/
De/
Turban///

/
Le Désert/ Pour/
Horizon/s/

/
X/ La/ Prière/
Pour/
/Compagne///
/
J'Entrevois/
Autour/ De/ La/
Limbe///

→

Une Aurore/s
En/ Guise/
De/
Cortège/ Guerrier/
D'Anges///
En Pèlerinage/

'AKA'

17.

Les/ Pétales/
De/ La/
Rose/ Noire/
Sont/
Entrelacés///

/
Les Caresses/
Du/ Désert/
Entre/
Les Dunes/
Sont/
Opalescentes/

/
Au Grand/
Jamais/ Je Ne/
Serai/
Ivre/ Par/

Indécence///

→

Je/ Témoigne/
Du Réel/
X/
De L'Inexistant/
Puis/ Je
Prie///

'AKA'

18.

Par_ La_
Coupe_ de Vin_

Par_ L'Oiseau_
Qui_
S'Envole_
D'Être_ Toujours
Plus Libre///

Il Y a Une_
Origine_
Pour Ceux_
Qui N'En Ont_ pas

Il_ Y a Une_
Vertu_
d'Estime/

Pour Ceux Dont
Le Pays_
N'Existe_ Plus///

→

Je Porte_ Le_
Keffieh_
De L'Ange_ qui_
Garde_ Le Pèlerin...

En_ L'Oasis_
De L'Ivresse///

'AKA'

19.

Je Conteste_
L'Appel_
Au/x_
Déracinement/s...

La Fleur_ La Plus
Jolie_
Pousse_ Sur_
Le Sol_ des
Déshérités///

Comme_ Un Arbre_
Sans Racines///

Tel Le_ Jujubier_
Qui Abrite_
Le_ Buveur/ de
Vin/

Je Sais que
La Quête_ de L'_
Origine///

→

Est Le Temps_
Originel_
Sans Origine/s/
Certifiées///.///

Poète_ X_ Géomètre_
Des_
Limbe/s///

J'_ Ai_ Une
Corolle_ Pour_
Honneur_ d'Être_
Disciple_ En Oasis///

'AKA'

20.

Ne Sois/ Pas
Hostile/

J'/Écris/ ma
Poésie/s/
Dans/
Un Style/ Arabe/

///
Les Versets/
Ont L'Allure/ Des
Ivresse/s
D'Al/ Khôl///

L'Envol/ des
Colombe/
Est/ Pourpre/s
De Caresse/s///

Entre/ Pure/
Audace/s/ X/
Calligraphie/s///

Entre/ Prestige/
De Vivre/ X
D'Être/ Pauvre/s/

Il/ Y_ a/
Un Soupçon/ De
Désert/ X
De Dune/s///

Où/ Le Poète/
Maintenant/
Derviche/
S'Implique/ Pour
L'/Oasis/ Du/ Réel///.

'AKA'

21.

Au_ Cœur_
Du_
Cercle_ Du_
Désert/

Est_ Une_
Oasis_
Close///

Un Arabe_
Ancien/ Est_
Venu_
Prêcher_
Une Rose Noire/

Constellation
De_
Pétales_
En_ Unité_ De
Corolle/s_
Pourpre/s///

→

Pour_ Une_
Éclipse/
De La Beauté_

X_ Du Grain_
Qui se Sertit_
De L'Aurore.../

'AKA'

22.

J'_ Ai/
Perdu/ mes
Origines_ X/
Mon Pays///./

Je me Suis_
Revêtu/ d'_
Inclinaison/s_
X/
De Prières///

Afin que Le_
Néant/
Soit De Clarté/

X Que Les_
Corolles/ En/
Arabesques/
Fleurissent...

→

X Soient/ Marquées/
Sur Tapis_
Sertis/
De/ Rosacées_ En
Calligraphies/

Avant L'Aurore/s
X/ Avant/ L'Aube/s.

'AKA'

23.

Quand_ On/
Perd/
Ses/ Origines_
On_
Ne Les/
Retrouve/ Plus/.

Qui/ Voit/
L'Amitié/
S'Éclipser/
Devient/ Roi_ du
Désert/ / /

X Un/ Seigneur/
Des Dunes///

Assis/ Sous_
Le Jujubier/

J'Entrevois_ La
Limite/

→

En Abyme de
Constellation/
De_
Monde/s/.

Où/ Rêveries/
X/ Solitude/s/

Se Conjuguent/
En/
Horizons/ Fleuris/

'AKA'

24.

Un Arabe/ Ancien/
Prêche/
La Rose Noire/
X/.
L'Horizon/
Est_ De/
Clarté/s///.

Chaque/ Pétales/
Est/ Une/
Ode/ Poétique_
De/
Circumambulation.

/De Blanc/ Vêtus/

/Combien/ De/
Maures/
Pactisent/
Avec/
Le Raisin/s

→

X/ Le Compte/
De/
Perles/
Approuvées/ Par
L'Aurore/s/

Avant/ Le/
Jaillissement/
Des/
Colombes/ Pourpres/

/???///

'AKA'

25.

Entre/ Horizons/
Fleuris/ X/
Calligraphies/
Arabes///

Entre/ Aurore/s
Désertiques/
X Fraternité/ De
Dunes///

Où/ Est/
La Poésie/ Maure/

Des Derviches/
De/
Blanc/s/ Vêtus/.

Qui Dansent/
Gauchement/

Sertis/ De_ L'_
Être///

→

Éclipsé/ Par/ Le
Néant /???

Je Suis Arabe/
Devant/ *Dieu* /

J'_ Ai_ La/ Coupe
/De/ Vin/
Pour Interdit/
Magnifique///

'AKA'

26.

Je Suis_
L'Ayatollah_ De
L'Art///

/// Les_
Colombes_ Sont,
Venues_
Marquer_ La
Fin de L'Ère///

En Oraison_
De Roses_

X_ de
L'Empourprement/
De_
L'Anthracite///

Fleurissent_
Les_
Bourgeons/

→

De L'Heure_ Du
Printemps/
Perdu_

Puis_ Retrouvé...

/// Je Bu/ X Je Su
Qu'Elle Était_
Vraie_ L'Ivresse/
De L'Aurore/s///

De L'Estime/ Prude.

'AKA'

27.

Ma/ Vertu/
C'Est/
L'/Arabisme/s/

A/ Boire/ Du
Vin/
Je/ m'Evertue/

L'/Alcôve/ Tue
A En Faire/
Éclore/
Des/ Fleurs/

La Misère/ De
Vivre/
Se Perpétue/

En/ Geste/s///

Viens/ Au Seuil
Des/ Derviches/
Avec moi/

→

A/ L'Instar/
D'Omar/
J'/Ai Su/ Sertir/

Ma Coupe/
D'Opprobre/ d'Un
Peu De/ Poétique/s/

Je Suis/
Derviche/ Pour/
Un/ Soupçon/s/ De
Pétale/s///

'AKA'

28.

Je Ne/
Revendique/ Pas
De/
Couleur/s/

Ma Culture/
Est/
Celle De L'Art/

En/ Derviche/
Je/ Trace/
Dans/ L'Air///

Une Esquisse/
De Bonté/s/

/
De Pleur/s/

X De Cortège/s
Fleuri/s///

Issu/e/s /De
L'/Heure/ Pourpre

→

d'/Un Cœur/

De Sans Abris/
X/ Bandit/s/ Libre/s
Du/ Désert/

Ayant/ L'Oasis/
Pour Patrie/

X Refuge/
Imprévu/ De/
Clarté/s////

'AKA'

29.

Ma/ Couleur/
Est/ Le/
Reflet/ De/
Mon/
Amour/ Pour Toi/

Les Couleurs/ De/
L'Âme/ me/
Guident/
Vers/ Le/
Pèlerinage/
Interne/

De/ La/ Beauté/

De/ La/ Rose/
Noire/
D'/Iran///

→

De/ La/ Coupe/
Sertie/
De/ Jade/s///

/
X/ De La Colombe/
/Aux/ Yeux/ Fardés/
De Khôl///

Drôle/ X/ Ivre/

/
Je/ Suis/ Pauvre
X/ Derviche/

/J'/Ai/ Vu/ Le/
Trône/ De/
Babylone/

X/ Je/
N'/En/ Ai pas Voulu/

Je Marche/ Pieds/ Nus/
Vers/ L'Insensé/
Horizon/s/// De/ La/
Vacuité///

'AKA'

30.

Par/ Les/
Ivresse/s/
Imprévue/s/ X/
Fleurie/s/
Du/
Derviche///

Par/ La/
Contre/Philosophie
De/ La/
Danse/ La/
Plus/ Gauche///

IL/ A/ Suffit/

D'Un/ Verre/
De/
Vin///

Pour/ que Je/
Mette/ Fin/

A Tout/

Intellectualisme/

→

Afin/ d'En/
Voir/
En/ L'/Horizon/

L'Envol/ d'Une/
Poésie/s/ De/ Cœur/s
/Ailé/s//

'AKA'

31.

On m'A/ Trahi/
Mais/ J'/Ai
Pardonné///

/
On m'A/ Donné
De/ L'/Amour/
X/
J'/Ai/
Conquis/ La/
Poésie///

/
J'Ai/ Appris/
A/ Prier/
Avec/ Les/ Poètes

/
Je Suis/ Une/
Rose/ En/
Iran/ X Dans/
D'/Autres/
Contrées///

'AKA'

32.

J'/Ai Vu_ ma
Pauvreté/
X/ Je Lui/ Ai
Déclaré ma/ Fleur

/
Ma Fleur/ Est/
Tout/ ce Que J'/
Ai///

/X/ Je/ Suis/
Pauvre/
D'Avoir/ Aimé///

/
Celui Qui
Boit/
Du/ Vin/

Est de Bonne Foi/
/
X Ne Fait Pas Le
Mal///

→

/
Celui qui Goûte/
Au/ Raisin/
Connaît/
Le/ Nombre/ Des
Perles///

'AKA'

33.

Je/ Connais/
Mes/ Limites/
X/ Je Les/
Respecte///

/
Je Bois/ Du
Vin/
Par Bonne Foi
X/ Non/
Par/ Fantaisie/

Je/ Saisi/
Chaque/ Perle/
Comme/ Un/
Compte/
De Fleur///

En/ Oraison/
De/ Pétales/

X/ D'Ivresse/s
/Entourbée/s//

'AKA'

34.

Revêtu/ des
Étoffes/
Des/ Pétales/
Entrelacés/
De/
La Rose Noire/

Dont/ Les/ Plis
De/ Corolle/s
Virevoltent/
Entre/ Les Airs/

Se Tut/
Aux Allures/ De
Maure/s/

Se Tint/ Entre/
Les Dunes/

En Échos/ Aux/
Azurs/ Pourpres/

→

/
La Vision/
D'Un/ Imam/ des
Perles///

De Raisin/ Sobre/

De Rosée/ Sable/

/
Sabre/ Courbé/
En Guise/ de
Silence de Verbe/

Tranché d'Aurore/s
/

Le Regard/
Impassible/ Presque/

'AKA'

35.

L'Arabe/ Ancien/
A Caché/
Son Visage/
Derrière/

Une/ Corolle/
De Rose/
Noire///

/
Éclipsé/e/ Au/x
Temps///

Pourpre/ En/
Azurs/
Sertis///

Entre/ Les Nues
De Rêveries/
Tranquilles///

X/ Le Style/ Du
Néant/ De
Songes///

→

Afin/ de Prêcher
Une/ Vertu/
De Corolle/

Du Chemin/ De
L'Ivresse/
Sans Retour///

'AKA'

36.

I/

Pétales/
Entrelacés/ X/
Plis/ De/
Turban///

/
Font/ De/ La/
Rose/ Noire///

Un/
Enturbannement/
D'/Auréole/s//

/
De Levé/
D'/Aurore/s/

X/ De/ Temps/
Occulté/s/

→

Par/ Le Feu/
Pourpre/s/
Des Songes///
Vaincus///

En Cortège/s/
De/ Poésie/s//.

'AKA'

II/

Par/ La/ Rose
Noire/
De/ Ce/ qui/
Est/ X/
N'Est/ Pas///

/
Dans/ La/
Manifestation/
Du/ Non/
Manifesté/ En
Corolle///

Je/ Suis/
Ce que Je Ne
Suis/ Pas///

Sinon/
Je Ne Pourrais
/Être/ ce Que Je
Suis///
/
Je Met/ Au Défi
Quiconque/
De Dire/ de Quelle
Origine/ Je
Suis/ Issu///

→

Je Tombe/ Ivre/
Mort/ De Tant de
Pétales X de
Parfum/s///

'AKA'

37.

J'/Ai/ Fait/
Le/
Choix/ de/
Coder/ Mon/ Art/

Afin/ que/ Le
Style/ des/
Versets//

Ne/ Soit/ pas/
Démuni/

De/ La/ Gloire/
Des/
Fleurs/ du/
Désert///

J'/Ai/ Fait/
Le/
Choix/ de/
Pratiquer/ mon
Art/
Sous/ Une/ Autre
Forme/// /AKA/

38.

Par/ La/ Fleur
Du/ Mépris/

X/ La/
Corolle/ de//
Pauvreté//

Je/ Suis/
Derviche/

/X/ /Estime/

Un Peu/ de/
Silence/

Pour/ L'/Aube/s/

'AKA'

39.

/Je Suis Parti
En/ Vertiges

Pour Une/
Fleur De L'/
Oubli
/X/ Un Peu d'/
Essence/s/

/Le Parfum/ de L'/
Audace/
Est/ Terrible///

La/ Fin/ de L'/
Attente/
Est/ Un Cortège/ de
Ronces///

'AKA'

40.

Mon/ Crime///

Est/ d'/Être/
Différent/

/
La/ Scène// Est
Une/
Afférence//

/
A Un Souvenir/
De/
Jeunesse///

Ou/ A Une/ Caresse
De/ Volupté/

/
Dans/ L'/Impasse
Fleurie/
De/ La/ Mort///

Est/ Le Choix/
Définitif/ d'/Être/
Pauvre///

'AKA'

41.

Je Danse/ En me
Moquant/
Du/ Temps/

Face/ Au/ Défi
De/
La/ Fleur/

/ / / Évoque/ La/
Sentence/
Des/ Rêveries///

/
Atteste/
De/ La/ Précision
Des/
Arabesques///

En/ Attendant/
L'/Instant/
Des/ Pleurs/
Devenus/ Flore/s

Dans/ Un/
Maelström/// Imprévu/

'AKA'

42.

La Preuve/ Du
Mal/

L'/Aurore///
Des/
Marges/

Le/ Mélange//
Des/
Rêves///

L'/Errance/ Des
Rêveries/
/

N'/Ont Pu/
Prononcer/

La/ Sentence/

Du/ Temps///

Je Vis Un Instant
///Éphémère/
Qui Ne Finit/ Jamais

'AKA'

43.

Le Derviche/ A
Vu/ L'/
Homme/ Depuis//

Longtemps//
X/
Il/ N'/Y croit/
Plus///

/
L'/Orient/ Béni/
Est/
L'/Aurore/ des
Marges///

Il Tombe/ la
Pluie/
De/ Rosée///

Aux/ Alentours/ Des
Fleurs/

Des Oiseaux/ qui
Aiment/
Danser/

D'Être/ Libres///

'AKA'

44.

L'/Aurore/ Est//
Sombre//
De/
Pourpre/s///

/
Les Oiseaux/
Chancèlent/
X
/Pour/ Mettre Fin
A/ Leur/ Souffrance
/

→

J'/Ai Marqué/ L'/
Hypocrisie/

D'/Un Sceau/
Terrible/
En/ Poésie///

De Jeunesse/
Courageuse///

/// Une Rose Noire
d'/Iran///
///
D'Estime/
X/ De Trahison///

'AKA'

45.

L'/Impasse/ Fleurie
De/ La/
Mort/ Est/
Couronnée/ de
Ronces///

/
Le/ Seuil/ Souillé
De/ La/
Société/
m'/Attend/ Au/

Tournant///

/
Je Laisse/ Une
Fleur//
En Souvenir/ d'/Une
Histoire/ de
Bon/ Garçon///
///

/J'/Oublie/ La//
Peur/ X/
Déclame/ De La Poésie
///

'AKA'

46.

Je Veux//
Témoigner/ Du/
Jazz/
X/ Des Fleurs/

Avant/ que L'/
On/ Ne/
Dise/// qu'Ils N'/
Ont/ Jamais/
Existé///

/
Je Veux/ La/
Note//
La/ Plus Libre/

/
Pour Sécher/
Mes/
Pleurs///

→

/// Je Veux/ La/
Mélodie/
Du/ Saxophone//
Et/ du/ Piano//

Pour/ Voir/
Mon/
Cœur/ s'/Envoler

'AKA'

47.

L'/Impasse/
Fleurie/
De/
La/ Mort//
Est/
Le/ Prix/ de La
Mauvaise Foi///

/
La Fleur/ Pousse
Toujours/
A L'/Extrême//
Limite///

/
La/ Calligraphie
Hostile/
d'/Orties/ Est/
Son///
Avertissement//

→

/// Par/ Un/ Style
De/
Derviche///

J'/Aspire/ Au/
Recueillement/ X/
A/ La/
Paix///

'AKA'

48.

ô/ Colombe/

Aux/ Yeux/

Fardés/ de
Khôl///

Où/ Est/ L'/
Aube///

???
/// La/ Lune/
Tranchée/

Est/ Le/ Nouvel
Horizon/
Des/ Aurores///

Par/ L'/Estime/
De/
L'/Âme///
J'/Excuse/ Tes/
Pupilles/
Exquises///

/// Par/ Un/ Style
De/
Derviche///

J'/Aspire/ Au/
Recueillement/ X/
A/ La/
Paix///

'AKA'

49.

Il/ Pousse/ des
Fleurs/
Douloureuses//
Un/ Soir/
d'/Automne///

/Sur/ L'/Arbre
Majestueux/
Des/
Instants//
Tragiques///

/
L'/Art de Vivre/
Est/ L'/
Art/ d'/Aimer//
/Un Peu Trop/

Qui/ Suis/ Je?
Gentil/ Garçon/
Ou/
Fruit/ Étrange?

'AKA'

50.

J'/Entends/ La/
Douce/
Mélodie///

/// Des Oiseaux
Qui/
Récite/ des
Versets///

/
Telles/ Les/
Cordes/
Du Santûr///

Je/ Chancèle/

Puis/ m'/
Envole///

Ivre/ Encore/

d'/Aimer/ Un Peu
Plus///

d'/Un Cœur/ qui
Fleurit///

'AKA'

51.

ô/ Colombe/
Incolore///

///
Par Le/ Calice de
Parfum/s///

/
Le/ Chant/
Mélodieux//
Des/
Tourments/ De
Jeunesse///

/
Je Suis///

Entre/ Deux//
Dunes/

Poétiques//

Où/ Est L'/Aube/
???

'AKA'

52.

Par/ *Le Noir*/ d'/
Soir/

Qui/ *N'/Est pas/*
Un/
Noir/ / /

Par// La Lune/
Tranchée/
Haute//
Dans/ Le Ciel/

Je Proclame/ Le
Raisin///

L'/Aube/ / /
Horizon/ / /

La Réserve/ Face
A L'/Estime//

La/ Nuit/ qui/
N'/Est
qu'/Une/ / /

Lumineuse/ X/
Poétique///

'AKA'

53.

ô/ Colombe/
Incolore///

///
Par Le/ Calice de
Parfum/s///

/
*Le/ Chant/
Mélodieux//
Des/
Tourments/ De
Jeunesse///*

/
Je Suis///

Entre/ Deux//
Dunes/

Poétiques//

Où/ Est L'/Aube/
???

'AKA'

54.

Qui/ Viendra//
Détourner//

L'/Art/ De Sa/
Bonne/ Foi/?

/
La/ Conviction/
X La/
Pratique/// Sans
Théorie/s/

/// Tiennent/ Le
Dernier/ coup/
De/ Pinceau/

De/ L'/Au Delà/
De/
La/ Lettre///

X/ De La/
Calligraphie/ de La
Passion/ En/ Fleurs

'AKA'

55.

Le Meilleur/ N'/
Existe/
Pas///

/
Entre/ deux/
Salutations/ J'/
Ai/ Vu/
Le/ *Pir* / / /

La/ Fleur/ Est
Sombre///

*L'/ Aurore/ Est
Or/ s X Pourpre/ /*

L'/Audace/ Est
Claire///

*Les/ Versets/ Sont
Calligraphiques/*

'AKA'

56.

Je Ne
Cherche/ pas/ La
Cohérence/

Je Frappe d'/
Une/
Plume/ Pourpre

L'/Encre/ Est
Rouge///

/
d'/Un Poème/ de
Cœur/ Brisé/

J'/Entrevois/ Les
Colombes/
S'/Envoler///

'AKA'

57.

Par/ Tes Yeux//
Fardés/
De/ Khôl///

Par Tes Pupilles
/Qui/
Brillent/ De La
Nuit//
Jusqu'/Au Matin

Tu/ Déploies Tes
Ailes///
Ô/ Colombe/

/J'/Épelle//
Chaque/ Lettre/
De/
La/ Calligraphie/

'AKA'

58.

Qui/ A/ Vu La/
Fleur/
Du/ Pardon///

Qui/ A Vu L'/
Estime/
De L'/Âme///

Audacieuse///
???/
///
Il/ Pleut/ Sur
Les/
Cœurs/

De Les Faire/
Fleurir/

d'/Horizon/ Pur
X/ d'/Oubli///

Et d'Une/ Once/
De/
Déraison/
d'/Envol/ d'/Une
Colombe///

'AKA'

59.

J'/Ai Cru En L'/
Existence/

d'/Une Fleur/

X/ Cette Fleur/
A/
Fleuri///

J'/Ai Vu/ Un
Déficit/
De/ Peur///

X me/ Suis/ Réjoui
d'/Être/ Libre///

*Pourquoi/ Douter/ de
ma/ Certitude/*
d'/Être/ Pauvre/ / /
???
Face/ Au/ Seuil
Souillé/
De La Société/
*L'Issue de L'/
Impasse/ Est La/
Poésie/ / /*

'AKA'

60.

Une Fleur/
Naquit/ d'Un/
Cœur///

/
En/ Poésie/s/

De/

Stricte/ Limite///

/
Je Suis/

Amant/
Incandescent//

Du/ Réel//

Seulement/
///Un///

///
Parole/ De
Derviche/// ///
!

'AKA'

61.

L'/Oryx/ Se/ Lève
Sur/
Un/ Désert//
De/
Dunes// Blanches/

/
Tel/ Un/ Imam/
Reclus//

/
Qui En Appelle

*A/ La/ Liberté
X/ A/
L'/Engagement/ De
Bonne Foi///*

/
La/ Beauté/

Du Grain/ de Raisin

*Est/ d'/Être/ Un
Signe/
De/ L'/Aube///*

'AKA'

62.

L'/Amitié/ Est
Fragile///

///

A Quelques/ Détails
Près/

La/ Rosée/ Sur//
Un/ Fil/
Tombe/
Dans Le Bec//
De/
L'Oiseau///

/
Sur Une/ Presqu'Île

De/
Considérations/
Imprévues///

Il/ Reste/ La/
Solitude///

Pour/ Braver/ La/
Sentence/

d'/Être/ Appelé/
Frère///

Contre/ Toutes/
Vraisemblances///

Un/ Bouquet/
De/
Corolles/ d'/Oubli/
A/ La/ Main///

'AKA'

63.

Aveugle/ A/ Tes
Yeux/

d'/Al Khôl/
Esquissés///

/
Aveugle/ A/ L'/
Al/ Khôl/

N'Est Point/
Une/ Excuse/ pour/

Douter///

Des Bienfaits/

Des/ Corolles/
Drôles/

En/ Impressions/
d'/ivresse/s/

/// Je Suis/
Incandescent///

d'/Une Descente//

d'/Aurore/s/ X/
d'/Aube/s///

'AKA'

64.

Le/ Mieux/ N'/
Existe/
Pas///

/
Je/ Prie/
Sans//
Réfléchir///

/
En Prenant/ Parti

Pour/
La/ Pauvreté/

J'/Ai Fait/ de mon
Cœur/ Un
Jardin/
de Corolles

///
Vient/ Boire/ L'/Eau
Qui Fait/ du Bien/
Aux/ Âmes/
Claires/
Avec moi///

'AKA'

65.

Je/ Suis/ le//
Dernier/
Des/ Frères///

/
Je N'/Aime pas
Les/
Hommes///

///
La Beauté/ d'/
Une/ Fleur/
m'/A Coûté/ Le
Prix/
De mon Art///

///
Une Poésie De/
Pauvreté//

X/ De L'/Ivresse
Décapante///

'AKA'

66.

Je Vis/ Parce que
J'/Ai La Foi///

///
Si/ la/ Fleur/
/Est/
Perfide///

/J'/Esquisse/ Une
Calligraphie/

///
X La Colombe/
//Se Transforme/
En/ Rosace/s///

/
J'/Ai Une Prière/
Pour/ Toi///

/
Ton Parfum/ m'/
Étourdit/

Encore///

'AKA'

67.

Allumes/ L'/
Encens//
Pour/
Les/ Derniers/
Poèmes//
Improvisés/

/
J'/Affine/ le/
Style/
Pour que La/
Dignité/

Soit /A/ L'/
OEuvre///

/Étourdi/ De/
Miel/
X/ De/ Fleurs/
Je/
Trace/ X/
Calligraphie/

/
Des/ Versets/
/Des Allégories/
/Des Métaphores/
Par/ Mesures///

'AKA'

II/L'Imamat De La Corolle X Du Vin Pourpre/s/
Proclamation De Lumière & d'Aurore/s

La Mauvaise/ Foi/

A/ fait/
De/
moi/// Une/
Personne/ que Je
Ne Suis/
Pas/
X J'/Ai Combattu
cette/ Personne///

'AKA'

68.

Par/
L'Imamat/ De/
La Clarté/
Du/
Vin/ X/
De/ La/ Corolle
La Plus Pure/

Un Prince/ Ne
Donne/ Pas/
Son Pays///

/
Un Pays/ Est/

La/
Culture/
De L'Inexistant/

Ô, Néant/ De/
Songes/

→

ô, Jolie/ Colombe
/De/ Passage///

La Mélodie/ Est
De Versets/

La Prosodie/
Est Poétique/
X Inversement///

'AKA'

69.

Le Vin/ Est/
Clair/
Par/ la/
Coupe/ se/
Déversant///

J'/Ai/ Pris
Parti/
Pour/
L'/Arabisme/s
Des Lettres/
X/ Des/
Versets///

Il/ Y/ A/
Une/
Colombe/
Qui Annonce/
Des Parfums/

Il Y/ A/
Le Raisin/
Pour/
Entrevoir/
La Lumière/ De
L'Al Khôl///

'AKA'

70.

Je/ Préfère/
Dire/ que/
J'/Ai
Bu/ Du Vin/

Que De me/
Prendre/ Pour Un
Saint/

/
Le Vin/ Est
Pourpre/
Dense/

Intense/

/
Les Pétales/
Sont/
Comptés/
Jusqu'A La/
Proclamation/
Du Raisin/

→

La/ Corolle/
Est Douce/
X/ L'Imam/ Se/
Tient/
A/ L'/Horizon/

'AKA'

71.

En Ivresse/s
On/ Ne/
Compte/ Point/

Le Poids/ des
Pétales///

/
Addition/s
X/
Multiplication/s

Se Soustraient/
A/ La/
Poésie/s/

/
L'Ère_ Du/
Zéro/

Est/ Venu/
Marquer_
Le Temps/ d'Une/
Rose///

→

L'Air/ Du/
Rossignol/ Le
Printemps/ d'Une
Brise///

'AKA'

72.

Le Maure/ N'/
A/ Rien/
A T'Offrir/

Sinon/ Le/
Parfum/ d'Une/
Fleur///

Sois/ Prompt/
En/
Gestes/ X/
En/ Prières///

L'Aurore/s/
A/ Jailli/

d'Un/
Horizon///

/Imprévu///./

'AKA'

73.

Par/ La/
Coupe/ De/ Vin/
Très/
Pur///

/
L'/Imam/ De
La/
Rose///

X/ Des/
Colombes/
Pourpres///

Se Tient/
En/
L'/Horizon/

Reclus/

Tel/ Un/
Oryx/
Glorieux/ Dans
Le/
Désert///

→

Ou/ Au/ Sein
D'Une/ Oasis///

Le Chapelet/
De La/
Misère/ X/ De/
L'Aube/
Pour/
/Interpeller/

'AKA'

74.

Les Princes/ X/
Les Rois/
Ont Été/
Vendus/ En/
Esclavage/

Ton Pays/ N'/
Existe/
Plus/

X/ Sera/ Rayé/
De/ La/
Carte///

Pourquoi /
Mendier / Un /
Peu /
De / Dignité /

Quand/ Le/
Passé/
A/ Un/ Goût/
De/
Conviction/s
Trahies///

→

X/ De/ Cœur/
En/ Pétales/ Qui
Se Dispersent/// ???

'AKA'

75.

Ma/ Seule/
Considération/
Est/
La/ Fleur/
La/
Plus Pourpre/

Je/ Détiens/
Le/ Chapelet/
De/
L'Aurore/
X/De/ La/
Misère///

Par/ La/
Poésie/ qui/
s'Esquisse///

En/ Corolles/
Douloureuses///

→

Je Garde/
L'/Opprobre///

X Je Te/ Laisse/
L'Honneur/
Fraternellement///

'AKA'

76.

Je Connais/
L'/
Opprobre/
De/ L'/Amour/

/
Au/x Détour/s/
De/ L'/Aurore/
Des/
Marges/ X De/
L'Art/ Honni///

Béni/ Par/ L'/
Ivresse/
De L'Al Khôl/
Le/
Plus Tourbe///

Je/ Parie/ Sur
La/ Brise/
Les Perles/ Sans
Nombres/
X/ La Liberté/
Des/ Colombes///

'AKA'

77.

De/ ma/ Vie/
Plus/
Jamais/ Je/
Ne/
Revendiquerai/
Une/
Origine///

J'/Ai/ La/
Plénitude/ Du/
Temps/
L'Instant/ d'Un
Grain/
X/
Le Doigté/
Très Fin/

/
A Portée/ De/
Main/s//

/
Le/ Néant/
Abscons/
Est Le Refuge/
Des/ Sans/
Patrie///

L'/Arbre/
Majestueux/
A Produit/ des
Fleurs/
Bien Que/
Déraciné///

'AKA'

78.

Par/ L'/Imam
Interne/

/
Par/ Le/
Cœur/
Ébloui/ d'/
Aurore/s///

/
Je Suis/ celui
/Qui/ Boit/
Du Vin/

/ Pour/ Mieux/
Satisfaire/

L'/Instinct/
De/ Prières/
X/
De/ Prosternation/

Le/ Lieu/
Embrassé/ Par
Mon/ Front/
N'En/ Est que
Plus/
Fleuri///

'AKA'

79.

J'/Ai/ Eu/
Un/
Prédécesseur/
Qui/ s'/
Appelait/ Le
Pèlerin///

/
Un Voyageur/
Sans/ Doute///

Plein/ de Bon/
Sens/
Des Époques/
Révolues///

/
Dans Les/ Temps/
Anciens/

Nul N'/
Invoquait/ Une
Fleur/

Ou Son/ Parfum/

Sans Avoir/ fait/
Preuve/ De/
Poésie/s///

'AKA'

80.

Entre/ Éclipse/s
X/ Révélation/s

/
Entre/ Verre/
De Vin/
X Prière/s/
Recluses///

Se Tient/ L'Imam/
De/ Blanc/
Vêtu///

A/ L'/Horizon/

Avant que/
L'Essence/ De La
/Couleur/
Ne Disparaisse/

Pour/ Une/
Éclosion/s/
D'Arabité/s/
En Filiation/s
De Culture///

X/ Du Verbe/
De/
Poésie/s///

'AKA'

81.

L'/Imam/ Du/
Raisin/

Se Tient/

A/
L'/Horizon///

/
Des Colombes/
Beiges/

Se Targuent/
D'Éphélides///
Pourpres/

/
Les Dunes/ Du/
Désert/
Sont/ Une/s/
/
Sous/ La/ Lune/
Majestueuse///

La Prière/s/
Recluse/s/
Est Un Instant/
De/ Clarté/s///

'AKA'

82.

Y_ A Pas
De_
Maîtres_ En/
Amour/s/

Les Corolles/
Sont/ L'/Ivresse
Des/ Derviches/

Par/ La/
Grâce/ Du/
Pétale/ Interdit/

La Terreur/
Poétique/
Est/ Une Affaire/

/
D'Alcôve/s X/
Menaces/ De Mort/

/
Je Prie/ En/ Un
Enclin/
Indécent///

Pour La Gnôle/
La Plus Fleurie/

La Plus Traître/

En/
Élucidation/s/
X/ Sentence/s/
Terrible/s_

/
Afin que Le/
Néant/ Soit/
Vertu/ De/
L'Aurore/s///

X/ Gloire/
Imprévue/ Des/
Cœur/s/
Meurtri/s///

'AKA'

83.

J'/Ai/ Pris/
Conscience/ De/
Mon/ Arabisme/s/
En/ Lisant/
Omar///

/
Les Vers/
Étourdissant/s/
D'Al/ Khôl/
Et Leur/s
Versant/s/

Par/ Hommage/

M'Ont Fait Voir/
Le Pour/ X/
Le Contre/

X/ La Sagesse/

D'Une Vie/
Bien Vécue///

Entre/ Nuance/s/
X/ Contradiction/s

Est La Vraie/
Voie/
Du Paradoxe/
De/ La/ Vertu///

'AKA'

84.

A La/ Quête/
De L'/Altérité/

Par/ L'/Amour/
Du/ Prochain///

Qui/ Se/
Disperse/nt///

Esquisse/nt/ Quelques
Versets/

D'Un/ Doigt/
D'Un/
Geste/// *Ou/*
D'Un/ OEil///

*X L'Océan/ De Fleurs/
Exhalera/ Des/
Poèmes/ / /*

En/ Cantillation/s/

'AKA'

85.

Marqué/ Par/ Le
Raisin/
En/ Impression/s
/De/ Corolles/
D'/Ivresse//

J'Aspire/ Au/
Temps/ Résolu/
Par/ Une/
Éclipse/ De Rose.

/
Parfait/

Éclos/ Encore/

L'Oubli/
Resplendit/
Opalescent///

→

En Tonalités/
Pourpres/
D'Harmonies/
X/ De Salutation/
Pour/ La/ Marge///

/
Derviche/ Je/
Soupire/
m'Incline/ X Prie.

'AKA'

86.

Par/ Le/
Raisin/

Ou/
Par/ La/
Révélation/
Par/
Le/ Vin///

/
L'Apocalypse/
Éthylique/

Propulse/
En/ L'/Horizon
Du/ Néant///

De Plan/s En/
Plans/

→

/
Par/ Le Voyage
/Parallèle///

J'Entrevois/

/L'/Unicité/
De/ La/ Perle//

En/
Constellation/

De Grains/
Équidistants/ Face
Aux/ Autres/
/
D'Un Brin/s/ De/
Parfum qui Rend/
Ivre/s///

De Silence/s/ X/ De/
Prière/s///

'AKA'

87.

Je/ Suis/ L'/
Imam/ Du/
Raisin///

Les/ Maures/ Sans
Contrainte/

Se Tiennent/ A
L'/Horizon/

Par Le Blanc/

Du Vêtement/

Qui Témoigne/
De/ L'/Éclat/ De
La/ Rose/
Noire///

→

Le Vin/ Est/ Un
Brin/ De/
Voyage/ X d'Évasion/

/
Face/ Au/ Temps/
Assassin/
La Fleur qui Rend
Le Cœur/ Libre///

'AKA'

88.

Je/ Suis/ L'/
/Imam/ Du/

Raisin/

X/ Le/ Père/

De/ la/
Gazelle...

/
Par/ Le/ Retour/
Au/ Pourpre/
Des/ Dunes///

/J'Entrevois/
Au/ Lagon/

Une Corolle/
Sans/ Reflets///

→

/
Une/ Lueur/ D'/
Espoir/

D'Être/ Frère/s/

Par/ La/ Grâce/
Du/ Réel/ X/
De/ Son/ Oasis///

'AKA'

89.

Par/ La/ Coupe
De Vin/

L'/Imam/ Du/
Raisin/

Est/ Venu/

Mettre Fin/

A/ La/ Loi/ Du
Sang...

Je Suis Arabe/
Par/
Les Lettres///

Et/ Le/ Pourpre/
Du/ Calame///

Je/ Suis/

Le Bédouin/

De L'/Oasis/ Du/
Réel///

'AKA'

90.

Voilà/ L'/
Homme/ Seul//

L'/Imam/

/
L'/Apôtre/ du/
Raisin/

L'/Adepte/ de La
Réserve///

/
Un/ Calame/ A/
La/ Main/
Pour Faire/
Fleurir
Une/ Éclipse/
De/ Silence/s/

/
Un/ Tapis//
Devant/ Soi/ pour
Les/
Prosternations/
X/ Prières///

'AKA'

91.

Je/ Veux// Le
Vin/
X/ La/
Roseraie///

/
L'/Al/ Khôl/
Interdit/
De/
Tes/ Yeux/ / /

/
Le Coloré/
Crépuscule/ De/
L'/Occident/

/
L'Orient/ qui/ Se
Lève/
Telle/ Une/
Colombe/
Pourpre///

'AKA'

92.

La Colombe
Aux/
Yeux/ Sertis
De/
Khôl///

Ne Veut/ pas De
Ta/
Cage///
Mais/ d'/Un Poème
De/
Cœur/ Brisé///

'AKA'

93.

L'/Art/ Est/
Nécessairement/

Une/
Forme/ Poétique/

/
Elle/ Ne Prétend
Pas/
Exister///

/
Ou/ Ne/ Pas/
Exister///

/
Mais/ Elle Trace/
X/ Sertit/

Au/ Sein/ du/
Néant///

La/ Présence/ d'/
Un/ Rien///

En/ Calligraphie/

'AKA'

94.

Le/ Néant/ T'/A
Donné/ L'/
Existence///

X/ Il m'/A/
Donné/ L'/
Inexistence///

Afin/ que Le/
Poids/
D'/Un Verset//

Soit/ Le/
Silence D'/Une
Poésie///

/Je/ Suis/

Derviche/ En/
Prose/

/
Pauvre/ En/
Prestige/s//

Enivré/// des
Corolles/
D'/Un Printemps
Qui Ne Vient/
Jamais///

'AKA'

95.

J'Ecris_ des Vers_
Aux/
Pieds/ qui/
Dansent///

/// Selon Les/
Mathématiques
Artistiques/

De L'/Unité/
Incomprise/// ///

/
Les/ Versets/ Sont
Pourpres/ X/
Doux/

Selon/ Le Versant
De/
La/ Ronce///

/
Le Texte/ Une
Corolle/
Dont/ L'/Éclosion
S'/Improvise///

'AKA'

96.

ô/ Frère///

Boit du Vin/ En/
L'/
Honneur//

De/ Ceux/ qui Se
Sont/
Évanouis// En Fleurs

/
Il/ Reste/ quelques
Grains/ De/
Raisins/

Pour/ Compter/ L'/
Instant/s/
Des/ Pétales///

'AKA'

97.

ô/ Frère///

Boit du Vin/ En/
L'/
Honneur//

De/ Ceux/ qui Se
Sont/
Évanouis// En Fleurs

/
Il/ Reste/ quelques
Grains/ De/
Raisins/

Pour/ Compter/
L'/
Instant/s/
De/ L'/Oubli///

'AKA'

98.

Je Perçois/

Un/ Peu///

d'/Imprévu//

///
Dans/ La/
Calligraphie/

Des/ Lettres/
Qui/
S'/Organisent///

J'/Improvise//

Un/ Silence//

→

Entre/ Deux Sens/
Interdits//

Exquis//

d'/Estime/

d'/Essences/ X/
De/
Parfums///

'AKA'

99.

Adam/ Parlait
En/
Rythme/s/ X
En/ Versets///

/Assis/ Sur La
Colline/
Sur Le Versant/

/// Au Soir/ de La
Lune/
Haute/ dans Le
Ciel///

J'/Opère/ Une Rime
Sertie/
De L'/Origine//

'AKA'

100.

Qui/ Décide/ Si
Le/
Verre De Vin/
Est Réel/ *Ou* / Irréel
/???/

Qui Décide/ Si

Il/ Est/
Dérisoire/ Ou/
Aventureux///
/???/
/
Une/ Esquisse/
d'/Al Khôl/

Sur/ Tes Yeux/

Brave/

Un Art/ d'/Allures
Interdites///

///
Une/ Calligraphie/
s'/Épanouit/
de/ Vivre/ En/
Poésie/
d'Instant/s/
Pour/ de Bon///

'AKA'

101.

Ou / Mène/ L'/
Obstination/ A/
Se Moquer/
de/ La/ Bonne/ Foi

/???/

Prise/ La Fleur/
De Sincérité/
/
L'/
Engagement/ Sacré/

Est/ L'/Issue/
De/
L'/Impasse///

/
La Mauvaise/ Foi

Est à L'/Origine
Du/ Martyr///

///
La/ Beauté/ de
Vivre/
Est d'/Être Ivre d'/
Art///

'AKA'

102.

Entre/ L'/
Impasse/ Du Temps

X/
Les/ Amours/
De/ Jeunesse/
Incompréhensibles
/
Il/ Y/ a Une Voie/
De/
Sagesse///

Pour/ Mourir/ En/
Poète/
X/ Non/ En/
Martyr///

Le/ Réel/ Est/ Un.

Je Ne Veux pas//
Être/
Un/ Martyr/ Point.
Final///

'AKA'

103.

Je Suis/ Derviche
De/
L'/Art/ Du Réel

/
Esquissé/ Au
Nom/s/ De Poésie/s

Je/ Mendie/
Quelques Grains/ de
Raisins///

X/ Soupire/ Une
Brise// De Pétales///

'AKA'

104.

Où Est/ Le Kolibri

Qui Se fait/
Appeler/
Amant/ Des Fleurs
?/

Une Poésie/ A
Goûté/

Aux/ Saveurs/
Réalistes/
De Ne Savoir Rien/

'AKA'

105.

Au/ Calme/ Si
Précis///

J'/Évoque/// La
Colère/
Qui Te Fait Appeler
Maure///

Où/ Sont/ Les//
Raisins/?

La/ Raison/ A douté
D'/Une Folie//
Certaine///

'AKA'

106.

Par/ Les Lettres/
Marginales//

/
J'/En Appelle//

A/ Être/

Averti///

/// Il N'/Y a pas
De/ Bonté/

Qui/ Ne Soit/
Rose/s///

/
Je/ Respecte/ Les
Amours/
Des/ Autres///

'AKA'

107.

Je me/ Réveillais
Une/ Nuit/

X/ Je Vis Une
Rose/ Noire///

Je Fus Poète/
X/
Un Oiseau/ me
Dit///

///
Je Peux T'/Emener
En/ Iran///

X/ Te Faire/ Boire
Du/ Thé///

Te Promener/ dans
Des/ Jardins//

Pour Oublier/
La Notion des
Heures///

→

///
T'Inviter à Distinguer
Entre Un Parfum
X/ L'/Autre de
Plusieurs Fleurs///

T'/Inspirer Un Poème
d'/Être Libre/ X/
Totalement Ivre En
Poésie/s///

'AKA'

108.

Les/ Milles X/
Uns/
Visages/ s'/
Évanouissent/
Dans/ Le/ Temps/
X/ Dans/
L'/Espace///

/

En/ Quête///

De/ La/

Dernière/ Brise

Je Mendie/
Quelques/ Pétales

/

Contemple/ Un/
Oiseau/
m'/Apporter
Lentement/ Un/
Sourire///

Chasse/ Les Ténèbres

Le Regard/ En Biais

→

d'/Une Parole/ de
Derviche///

///Qui/
Perce// Les Songes/

'AKA'

109.

Le/ Néant/ Est/
Corollé/
De Beaux/ Limbes

/
La/ Colombe/ A
Les Yeux/
Sertis/ De Khôl

/
Je Suis Derviche

/// Mais La/
Mauvaise Foi Existe

///
X/ Elle Est/ A/
L'/Origine Du Martyr

'AKA'

110.

La Fin/ De/ La/
Nuit/
Est/ Une Belle/
Aube/s///

/
Le/ Kolibri/
Zig/ Zag/ Entre
Les/
Fleurs///

/
Derviche/ Je//
Soupire/
X/
Bois/ Un Peu de
Vin///
///
Sans/ L'/Autorisation
d'/Exister/
J'/Écris/ De La/
Poésie///

'AKA'

111.

AKA Louis/ A
/Été/
Adepte/
Des Corolles
X/ des Muses/

/
X/ A/ Tracé/
Quelques Versets
X/
Poésies///

/
Il A/ Bu/
Il/
A/
Aimé/
IL/ A/ Joui

/
Sur/ Son
Tombeau/
Sera/
///Écrit/

Il/ N'/A Jamais
Été/
Dieu / / / /AKA/

112.

Avant/ que Je Ne
Rende/
Mon/ Dernier/
Souffle///

/
Je Veux Contempler
Les/ Dunes/
Une/ Dernière/
Fois/ / /

/
Autant/ que Le/
Néant/
De/ mon/ Être//

/
Avant/ que Je Ne
/
Perde/
Mon/ Pays/ de
Nouveau/ / /
/ / /
X/ que La/
Pauvreté/
Ne me/ Fasse Une
Dernière/
Fleur/// /AKA/

113.

J'/Ai Cru Voir La
Fleur/
De/ mon Cœur/

Mais/ Était-ce
Bien/
Réel///

???/

S'/Il Y a Bien
Une/
Chose que Je Ne
Sais/
Pas///

C'/Est Bien celle
Là///

/
Je Vis/ Je/ Bois/
Je/ Meure///
/X/
Je Bois Encore/

→

///
Je/ Finis/
Ivre/ Mort// Au/
Pied/
d'/Un Rosier///
Dans/ Un/
Néant/ De Sable/s

'AKA'

114.

Il/ N'/Y a Rien
Au/ Bout
Du/
Chemin//

Sinon/
Un/ Peu De/
Sable/s

X/ / /
L'/ Émerveillement
Des/
Dunes///

/
La/ Lune/ En
Prestige
De/ Pauvreté///

/ / /
La/ Lueur/ À/ L'/
Aurore/
De/ La/ Nuit/ / /

'AKA'

115.

J'/Ai Mal/ Au
Cœur/

comme Si La/
Fleur//
Épanouie///

Ne Se/ Laissait
Saisir///

/
/
L'/Al Khôl/
Est/
Interdit///
Mais/
Celui/ De/ Tes/
Yeux///
M'/A fait Fermer/
///Les miens///

/
Une Goutte/ De/
Trop/
Dans La Coupe/
Des/
Derviches///

X/ J'/Esquisse/
Une/
Poésie///
///
/ / /Un Pas De Plus/
X/ Le Seuil
Des/
Ivrognes//
me/ Propulse///

Dans/ Un/ No Man's
Land///

'AKA'

116.

*Bois Du/ Vin Avec
moi///*

*Boire/ J'/Appelle
Cela/
Être// Libre///*

///
Honore/ Tes/

Ancêtres/ Les
Arabes///

*Contemple/ Les//
Dunes//*

X/ La Lune/ haute

Dans Le Ciel///

Je Suis cette
Colombe/

Dont La couleur/

S'/Est faite/

Aurore/s/ De Nuit///

X/ Éclipse/ Encore/ /AKA/

117.

La/ Mesure/ de
Mon/
Cœur///

Est/ Un Vin///

/// cette Fleur
Est/
Un Vin/

Celle/ qui/

Raffermit/ mon//
Cœur///

///
/// Je Suis/
Enivré/

Encore///

Adepte/ Des/
Muses///

Poète/ Du Destin

'AKA'

118.

Un/ Peu/ Farouche

/ / /
comme/ Une Fleur
Au/x
Parfum/s Amer/s/ /

///
Procurant/// Des
Tourments///

/ / /
Un Peu/
Élégante/ / /

/ / /
Cette Fleur/ De
Vivre/ / /

A/ Pour Corolle

Une/ Issue/ De/
Destin///

'AKA'

III/La Fraternité Du Désert X L'Oasis Du Réel/
L'Enseignement Du Désert & La Fraternité.

J'/Ai Eu/ Mal/
A/ mes
Origines///

X/
Je/ Les/ Ai/
Perdues///

///
Mon/ Pays N'/Existe
Plus///

Je/ Reste/ Là///

Attardé///

A Voir Le Temps/
Venir/
Pour/ Le/ Souvenir

d'/Un Instant/

Qui/
Ne/ Fut/ Jamais

'AKA'

119.

J'_ Aime/
En/ Secret///

A/ La/
Manière/ d'Un
Derviche///

Mon Cœur/ Est
Une/ Corolle/

Mon Âme/ Un
Jardin/
De Fleurs///

Par/ L'Élégance
De/ La/
Dune///

→

De/ La Beauté/
Qui/ s'/
Éclipse///

J'/Ai Vu/
Les Combes/ du
Désert///

Dessiner/ Tes/
Yeux/ Au/ Khôl///

'AKA'

120.

Joue_ du
Blues_
Sur Le/
Santûr/

Ô, Derviche/

///
Joue_ La
Mélodie_ de
La Complainte/
Du/
Rossignol///

/
Le Pari/ Risqué

De Concevoir/
En/
Poésie/s///

Un Salut/

Pour/ Les/
Sans/
Salut///

→

Est/ Un Horizon/
Musqué/

X Fleuri/ En/
Corolle/s///
De/
Prière/s///

'AKA'

121.

Entre/ La
Mélodie/

La Chasse/ X/

Le 'Ud/

Récite des
Poèmes/
ô, Frère/

ô, Ami///

De La/
Vastitude/ Du
Désert///

Les Colombe/s/

Se Sont

Envolées///

Au/
Surgissement/

→

De/
L'Espoir/ Du Réel/
X/ De/ Son/
Oasis///

La Coupe/

Est/
Empourprée///

'AKA'

122.

Je/ Bois/ A
La Coupe/
Du/ Pardon///

Je Médite/ Sur
Les/
Horizons/ Du
Désert///

Je Danse/ Encore
Éméché///

J'/Ai Toujours/
Le/
Souvenir/ De
Tes Boucles///

'AKA'

123.

L'/Arabisme/s
Est Telle/
Une/
Colombe/
Dont/ On/ A
Vu/ La/
Couleur/

Une Piste/
qu'On/ Sonde/
X qui Tourne/
En Rond///

Un Voyage/

Sans Départ/
Ni Terme/s/
Ou/ Origine/s/

Autre/ que
La Corolle/ De/
Rose/
Dite/ En/ Prose/
Ou/ Poésie/s///

'AKA'

124.

Par/ Les/
Infusion/s De/
Thé/s/
Au/x/ Parfum/s
Qui/
Étourdissent///

Par/ Les/
Feuilles/
Séchées/ qui
Se Marient/
Au/x
Miel/s///

Je Te/ Dis
Par/
Un/ Langage/ De
Derviche/s/

Que/ Le/
Désert/ Est/ Un
Refuge/s/

Un/s/

→

X/ que La/
Misère/
Enseigne/ Aux
Humbles/ X/
Adeptes/ De/
Poésie/s///

'AKA'

125.

Je Suis/ Un/
Arabe/
Par/
Sincérité/

J'/Ai/ Vu/
Les/
Colombes/
s'Envoler/
Vers/
L'/Horizon/ Du/
Néant///

Il/ Est/
Devenu/ Pourpre/s

Tel/ Un/ Plan
Circulaire/ De
Lumière///

X/ Le/ Désert/
Un Océan/ Pur/
De/
Bonne Foi/
X/ De Clarté///

'AKA'

126.

Je Marche/ Sur/
La/ Voie/
De/
L'/Arabisme/s

/
Mon Tapis/ Est
Orné/
D'Arabesques/

/Celui qui
Décille/ Les
Yeux Par Un
Tracé/ De/
Khôl///

Voit Des/
Colombes/
Naître/ En/
Chorégraphie/
De Lumière///

'AKA'

127.

Je/ Confesse
L'/Arabisme/s

/
L'Oasis/ Du/
Réel/
X/ La/
Fraternité/
Du/ Désert///

/
Le Mouvement/
Des/ Dunes/

Entre/ Un/
Plan/
X/ Un/ Autre/

/
La Fraîcheur/
Des/ Lagons/
Auprès/
Desquels/
Resplendit/ Le
Jujubier///

'AKA'

128.

Il Ne/
Suffit/ Pas/
De/
Ressembler/
A Quelqu'Un/
Pour/ Être/ Son
Frère///

La/ Lune/
Est/
Tranchée///

X/ Son/
Visage/ Est/
Une/ Éclipse/ De
Rose/s///

Je Confesse/
L'/Arabisme/s/

X/ Le Réel/
Est/
Un/
Sur/ La/ Voie/
De/ La/ Clarté///

'AKA'

129.

Je Suis/
Arabe/
Par/ Sincérité

Je/ Sais/
Reconnaître/
Mes/
Frères///

/
Depuis/

Les/
Tréfonds/
Denses/
X/ Profonds/
De/ L'/Arabisme/s

/
J'Observe/

Les Méandres/
Du/ Temps/
S'Evanouir///

→

X/ La/ Révélation/
De/ L'/Aurore/s/
S'Epanouir/

/Encore///

'AKA'

130.

Je Suis/
Arabe/
Par/ Sincérité

Je/ Sais/
Reconnaître/
Mes/
Frères///

/
Depuis/

Les/
Tréfonds/
Denses/
X/ Profonds/
De/ L'/Arabisme/s

/
J'Observe/

Les Méandres/
Du/ Temps/
S'Evanouir///

→

X/ La/ Révélation/
De/ L'/Aurore/s/
S'Épanouir/

/Encore///

'AKA'

131.

Entre/ Deux/
Points/
Équidistants/ Du/
Temps///

/
X/ L'Horizon/
Si/
Fragile/ Des/
Guerres/
Fratricides///

/
/J'/Ai/ Pris/
Parti/
Pour L'Arabisme/s

/
De L'Art/ X/
De La Beauté/ De/
Prier///

Genoux/ A Terre/

→

Front/ Humble/
Sur/
Un/ Sol///

Fleuri///

Des Corolles De/
La/ Misère/ X De/
La/
Clarté/s///

'AKA'

132.

Par/ Le Verre/
De/ Vin/
X/
La/ Prière///

/
Par/ Les Fleurs/
En/ Arabesques/
Sur/ Le/
Tapis///

/
Ennobli/
Par/ La/ Misère/

X/ L'/Opprobre/

Le/
Derviche///

Succombe/

Au/ Prêche/ De/
La/
Poésie/s///

'AKA'

133.

Je Prêche/ L'Art
/X/ La/
Beauté/s///

/
L'/Encens/ Qui
/Étourdit/ Les
Sens///

L'Essence/ des
Parfums/
X/
Des/ Pétales///

Les Fleurs/ qui
Poussent/
Là *Où* / Le Front/
Sur/ Un/
Sol/ Se Fait/

/Humble///

'AKA'

134.

Je/ Suis/ Un
Arabe/
Par/
Sincérité/

/Je/ Suis/
Resté/
Honnêtement/
Sur mon/
Chemin///

/
Tels Les/
Derviches/
D'Al Khôl/
Enivrés///

Je Suis/
Guidé/ Par/ Le/
Parfum d'Une/
Corolle///

Entre Musique/
Lancinante/
De/ Cordes///
Pincées///

→

X/ Ivresse/
D'Invocation/s
Argot/
D'Éloges/ X/

De Prières///

'AKA'

135.

A/ La/
Lumière/ De
/L'/Aurore/s
De/ mes
Ablutions/

Profuses///

/
J'/Ai/ Pris/
Conscience/
De mon/
Arabisme/s///

X/ De mon/
Affinité/
A/ L'/Orient//

/Je Marche/
Sur Le Chemin/
Abrupte/

Où / Les Fleurs/
Viennent/
A Éclore///

→

/
J'/Éprouve/
Les/
Couleurs
Chatoyantes/
Des Lueurs/
D'Espoir/s/ X/
D'Éclats///

'AKA'

136.

Mon/ Cœur/
A/
Froid/
D'Amour/

Mon/ Cœur/
A/
Froid/ des/
Vertiges/
De/ La/
Gravité///

Je Suis/
Le Poète/ qui
s'Implique/
Face/ Aux Dunes/

Je Suis/
Le Derviche/ qui
Médite/
Sous L'/Arbre/ A Lotus/

'AKA'

137.

Face/ A/ La/
Raison/

Le Tort/ Est/
Tout ce qu'Il/
me Reste///

Face/ A/
L'/Ambition/

C'Est La/ Vertu
/Des/ Dunes/
Que J'/Accoste///

Je Compte/ Les
Perles/
Du/ Raisin/s/

Je Suis/
L'/Imam/ des
Réserves///

/
De Cœur/ Face
A/ L'/Amour/
Interdit///

X/
De Courage/

Face
/A/ La/ Coupe/
qu'Il faut Boire/

'AKA'

138.

Le/ Maure/
Est/
Vêtu/ De/ Blanc
X/ Tu/ Le/
Sais/
Bien///

/
L'/Aurore/
s'Est Levée/

X/ Un/ Sabre
/Est/
Sorti/ De/ Sa/
Bouche///

Le Temps/
s'Est Empourpré/

Du/ Jaillissement
D'/Une Corolle/
De/ Rose///

Le/ Vin/ Est/
Bon/
X/
Son/ Parfum/
Est/
Salutaire///

'AKA'

140.

Le Maure/ Est/
Vêtu/ De/
Blanc/ X/ Tu/
Le Sais/

La Voie/ De/
L'Arabesque/s/ Est
La Voie/ Des/
Sages///

Je Confesse/
La Nuance/

Je Confesse/

Le Contraste/

Je Confesse/

La/ Contradiction/
/
X L'Arabisme/s/
/
Des/ Lettres/
X/
Des/ Versets///

/
La/ Diction/

Poétique/

/La Plus/ Fleurie/

Est/ Le/ Signe/
De L'Aurore/s/
Des/
Marges///

'AKA'

141.

Les/ Colombes/
Sont/
Pourpres/
De/
L'Aurore/s/
Tranchée/s/

/
D'Un Croissant/
De L'Aube/

Je Suis/
Abstrait///

D'Un Trait/
D'/Une Coupe/ De/
Vin/
Se Déversant//

/
J'/Ai/ Souhaité/

Aller/

Jusqu'Au/ Bout/
De Mon Amour/

X Je/ L'Ai/
Fait/
Sans/ Hésiter/
En/ Arabesques///

'AKA'

142.

L'Instant/
D'/Un/ Poème///

/
Lorsque/ La/
Misère/
S'/Implique face
Aux/ Dunes///

/
Je/ Poétise/ Le
Désert///

X/
L'/Aurore/s/ De
La/ Lune/
Exaltée///

Je/ Suis/

Âpre/ De Vivre/
X/ De Prière/s/

Ivre/ De/
Prosternation/s/

Humble/ De/
Tant/ d'Évasion/s
En/ Abyme/s///

'AKA'

143.

A/ Dire/ *Ou* /
Ne/ Pas/ Dire/

Les Secrets/ Du
Cœur/

J'/Ai Le/
Sentiment/

D'Avoir Affronté/
La/ Mort///

/
X/ Les/ Méandres/
De/ La/ Folie/

X/ Les Tourments/
Des/ Vertiges/
Du Mal/

/
Se/ Sont/ Rétractés

/A/ La/ Vue/
/Du Noble/ *Sid* /

*Montant/ Un/
Cheval/ Blanc/
Avec/ Des/
Allures/ De/ Maure//*

Surgi/ Des/ Confins/
De/ L'/Inimaginé///

'AKA'

144.

La/ Couleur/
X/
L'Incolore/
Est/ Une/ Question
D'/Âme///

/
Le/ Vertige/ D'/
Être/ Indécis/

M'A/ Appris/
A Être/
Derviche///

Le/ Parfum/ De/
La/ Rose/
Noire/

Est/ Tel/ Un/
Breuvage/
D'Implication/s/

Où/ Les/
Corolles/ Ne/ Sont
Pas/ Les/ Mêmes///

X/ *Où* / La/ Danse/
La/ Plus/ Gauche/
A/ Raison/
De/ La/ Mort///

'AKA'

145.

La/ Fraternité/
Est/ Une/
Question/ De/
Vision/s/

Interne/s/

De/ Strict/
Hommage/

/
Iconoclaste///

/
Les Tourment/s/
Fleuri/s/
Du/ Coquelicot/
De/

Vivre///

Me Rendent/ Ivre/

X/ Mauresque/s/

X Tulipe/s///

X/ Cœur/ Vivant/

'AKA'

146.

Le Fait/ De/
Ne/
Pas/ Comprendre
M'/A/ Permis/
De/ me/
Repentir///

Mais De Boire/
Du/ Vin/
Je/ Ne/ me/
Repentirai/ Pas/

Mon Cœur/ En
Est/
Meurtri/

Puis/ Fleuri/

Puis/ Beau/

De/ Se/ Sentir/
Pousser/ Des/
Ailes///

/
Au/ Prestige/
De/ L'/Ivresse///

Il/ N'Est/ pas/ Bon
De/ Préférer/
Le/ Mal///

'AKA'

147.

Entre/
Calligraphie/
X/
Poésie/

Est/ L'/
Écriture///

Qui/ Ne/
Demeure/ Pas///

/
Je/ m'Envole/
Parmi/
Les/ Oiseaux/

Je Convole/
En Gnôle/ qui/
Laisse/
Sur/ Le/ Carreau/

/
Je Poétise/ Au/x
Risque/s/ De/
Gaucherie/

/
Je/ Médite/ Sur
Des Ivresse/s/
De/ Sages///

'AKA'

146.

Ô, Pétale/s De/
Rose/s//

Que/ L'/On/
Compte/ Telle/
Une/ Perle///

Telle/ Une/
Goutte/
De/ Rosée/
Qui/
Perle/
Lentement///

/
Je Suis/ Averti
/Dans/ Les/
Arabisme/s/
Les Plus/ Elliptiques

De/ Lune/ Tranchée/
De/ L'/Aube///

J'/Ai/ Le Silence/
Serti/
Du Langage/ Du/
Cœur///

'AKA'

147.

L'/Arabisme/s/
Est/ ma/
Culture///

/
La/ Poésie/
Est/ ma/
Manière de
Prier///

/
L'/Amour/ Est
Une/ Fleur/
De Pauvreté///

/L'/Opprobre/

A/ fait/ De/ moi/
Un/ Derviche///

'AKA'

148.

J'/Ai_ Vu ma
Gazelle///

/
J'/Ai/

Vu/

ma/

Gazelle///

Traverser/ La
Contrée/
Des/ Pourpres/
Dunes/ Fleuries///

/
Conquis/
J'/Ai/ Bu/ du
Vin/ Ivre/ des
Tourments/
De Grâce/ De/ L'/
Oasis///

X/ J'/Ai_
Médité/ En Artiste
X/ Géomètre/ De/
Calligraphie//

'AKA'

149.

En/ Homme/ Du
Désert///

X Adepte/
De
L'/Oasis/
Du/ Réel///

/
Tiens/ Donc
Haut/
Ton/ Bâton/

/
X/ Bois/ Le/
Vin/
De/ L'/Aube///

/
Sertis/ Ta Bouche/
D'/Une Longue/
Barbe///
X/
Mets/ Du/ Khôl/
Sur/ Tes/ Yeux///

'AKA'

150.

Être/ Arabe/ N'/
Est/ Pas/
Une Affaire/ *de*
Couleur/s///

/
Mais/ Du/ *Cœur*

Qui/ sait/
Reconnaître/ *Un*
Cœur/
Dans/ Le/
Désert///

Je/ Médite/
Sur Le
Jaillissement
D'Une Oasis///

Je Soupire/
Sur Le Réel/ qui
Absout/
Du *Qu'En Dira-T-On.*

'AKA'

151.

Quand Il/ N'/
Y/ A/
Rien///

X/ Que/ Tout/
Est/
Perdu///

Il/ Reste/ Le
Désert///

X/ Son/ Oasis

/
Un Peu/ d'/Eau
Fraîche///

Pour/ L'/Instant/
d'/
Ablution/s///

/
Une/ Poignée/ De
Main/ Ferme/

X/ *Des Embrassades
/D'/Être Frère/ / /*

'AKA'

152.

Mon/ Amour/
Est Un/
Salut///

Mon/ Amour/ Pour
Toi/

Est Une Issue/
Face/
A/ L'/Impasse///

/
A/ L'/Orée/ De
La/
Poésie///

Une/ Calligraphie
De/ Fleurs///

Offre/ Des/
Secondes///

De Conscience/
Vraie/

Du Réel X De Son
Oasis///

→

Du Trait/ Chaste/

De La Lettre/ X
De Sa/
Prude/ Limite///

Sous/ L'Arbre/ A/
Lotus///

'AKA'

153.

Par/ La/
Sentence/ De La
Danse/
Gauche/ Du/
Derviche///

/
L'/Enseignement/
Du/ Désert/

Est L'/Amour/
Du/ Prochain///

L'/Eau/ Fraîche
Qui Coule/
En///
Oasis///

A/ Des/ Parfums/
De Roses/
X/ d'/Ivresse/s/

L'/Arbre/ A/
Lotus///

→

Révèle/ L'/Horizon
Du/ Néant///

Pour Salut///

'AKA'

154.

Je/ Suis/ Un
Arabe/
Par/
Les/ Lettres/

X/ L'Horizon/
De/
L'/Âme///

/
J'/Ai/

Le Désert/ En/
Son/
Essence/s//

Pour/ Méditer/

X/ L'Oasis/

Pour Refuge///

→

/
Pas/ Une Goutte
De Sang/
N'/A/ Fait/ Éclore
Une Corolle///

Même/ Sertie/ De/
Ronces///

/
Pas/ Une Goutte/
De Vin/
N'Exhale/ Un/
Parfum/ De/ Roses/
Empourprées///

'AKA'

155.

Tout/ Comme/
Un/
Derviche///

J'/Affronte/ La
Société/ X/
Son/ Crime///

/
La/ Couleur/ De
L'Art/
Est/ Celle/
De/ La/ Paix///

/
La/ Corolle/ A
Un/ *Pystil* /
Empreint/ *De* /
Rosée / *s* / / /

→

/
La/ Poésie/

Je/ L'/Ai/ Écrite
Dans/ Un/ Style/

Arabe/ / /

En/ Arabesques///

'AKA'

156.

Dans/ Un/ Style
Arabe/

/
*Dans/ Un/ Pur/
Style/
D'Arabesque/s///*

/
J'Envisage/

Une/ Rencontre/
Avec/
Le Grain/

De/ Ta Beauté/

De Ta Bonté/

Sans/ Ôter/

*Un Brin/ Du/
Corollaire/ De
Rosée/*

De Doux Limbes/

→

Un/ Vin/ Sans/
Ivresse/
Veloutée/ de
Pourpre/ X/ Dangers/

'AKA'

157.

Dune/s///

/
Dune/s// Aux
Présages/
Des/ Fleurs/ du
Néant///
/

Dune/s///

/
D'Une/ Aube/ Au
Visage/
Du/ Temps///
/

/Dune/s///

/
Au/ Creux/
Desquelles/ s'/
Implique/
Le/ Poète///

→

/La/ Face/
Tournée/
Vers/ La/ Lune/
Tranchée/

De/ L'/Est/

/Des Oasis/
Imprévisibles/
De/
Fraternité/s

'AKA'

158.

C'/Est/ Le/
Cœur/
Qui Fait La/
Différence///

/
C'Est/ L'/Errance
Qui Fait/ La/
Danse/ des/
Égarés///

/
Le/ Pourpre/
Des/
Dunes/
Entrelacées/
Lorsque/

La Nuit/ se/ Lève

/
A/ Fait/ d'Un/
Désert/

Un/ Coin/ de/
Paradis///

'AKA'

159.

L'/Exil/ de/ La
Terre/
Natale///

Se/ Résout/ En/
Arabisme/s///

/
L'/Horizon/
Désertique// Est
La/ Contrée/ des/
Émigrés/ Aux/
Visages/
Voilés///

/
La Révolution/
Des/
Astres///

/
N'/Est/ pas/
Une/
Solution/ A/ L'/
Impossible///

/
L'/Impassible/
Des/
Orées/ A/
Donné/ Naissance/
A/ L'/Art///

'AKA'

160.

Par/ Un/ Langage
De/
Derviche//
*Dans Un Pur Style
Arabe/ / /*

De Lune/ Tranchée

X/ De Corolle/
De/
L'/Oubli///

*/ / /
J'/Interpelle/ Le
Désert/
X/
Il me Répond que
Je Suis*

Seul/ En Poésie/

Entre/ Deux Dunes

'AKA'

161.

J'/Ai Vu ma/
Sincérité/
Remise/
En/ Question//

/
J'/En/ Ai Fait/
Un/
Iconoclasme/

//
Pour/ qu'/Il/
En/
Reste/ Quelque/
Chose///

→

/
J'/Ai Tracé/ des
Arabesques///

Pour/ Délimiter/
Un/
Espace/

/Puis/ J'/Ai Prié
///Jusqu'A/
M'Abimer/ Dans Les
Dunes///

'AKA'

162.

Depuis que/ J'/Ai
Quelques/
Printemps/ De
Plus///

/
Je N'/Écris/ plus
Mes/ Vers/
Je/
Les/ Improvise//

/
Je connais/ L'/
Importance/
Du/ Style///

/// Des/ Poètes/
Esquissant/
Des/ Arabesques///

→

/
Avec/ qui J'/Ai
Appris/
La/ Prière///

Du Dernier Ghazal/ X
De La Dernière/ *R/I/M///*

'AKA'

163.

Le Conflit/
Poétique/
Des/
Roses///

J'/Y Ai/ Mis/
Fin/

Par/ Un/
Langage/ De/
Derviche///

/
Dans/ Le Désert/
/
Les/ Gazelles/
Sont/
Libres///

///X/ Je Suis/
Ivre/ Du/
Temps/
Assouvi/ En/ L'/
Éclosion/
D'/Un/ Instant///

'AKA'

164.

Entre/ Un Verset
Ou / Deux///

/// Le Thé qui//
Coule/ A
Flots///

X/ Les Légendes
Des/
Anciens/

/
Qui/ Ira/ Dire
Au/
Rossignol///

Qu'Il/ N'/Est plus/
L'/Heure///
De/ Chanter///

???

'AKA'

165.

Le/ Style/ Est Une
Preuve/ de
Culture///

La/ Fleur/ Pousse
Au/ Milieu/
Du/
Désordre///

///
Au Sein du/ Rythme
Chaque/ Lettre/
Est/
Épelée///

Le/ Contenu/ Est//
Dans/ La/
Calligraphie///

'AKA'

166.

Pardon/ Au doute//

/
*Amitiés/ Aux/
Certitudes/
Incertaines///*

/
Je Vis/
Pour Un Seul/
Instant///

Qui/ Verra/ Fleurir
*La/
Poésie/ Du Réel/
/*

'AKA'

167.

Le/ Grand/ Piège
Est/
Le/ Lieu/ du
Ban///

/
*La/ Bonne Foi/
m'/Invite/
A/
Être/ Sage/ / /*

/
Entre/ Marge/s/
X/
Opprobre/s/ *Ou/*
Paroles/
De/ Derviche/s///

/
Il/ N'/Y a qu'/
Un/ Réel//
/
*/La/ Fleur/ Est/
Au/
Dessus/* du/ Butin///

'AKA'

168.

Je/ me/ Balade/
Entre Les/
Airs///

/
Entre/ Les Ergs
/
Entre/ Les Dunes
/

/// La Lune/ Haute/
Règne//
Sur/// Le
Désert/

/// J'/Ai/ Pour/
Seules/
Richesses/ des
Étoffes/ X/ Un/ Turban/

/// Libre///!

'AKA'

169.

Je// Détiens/

Le/ Chapelet//

De/ L'/
Aube/ X/ De La
Misère///

///
J'/Ai /pour//
Honneur/

Le/ Désert/// X/
Ses/
Dunes///

///
Aux/ Abords/ Du
Néant///

Corollé/ d'/
Estime///

///
Est/ Un/ Parfum
///
De/ Tracé/

De Ghazal///

Libre/// /AKA/

170.

ô/ Colombe//

Tu/ As///
Pour Cordes/
Vocales/

La/ Mélodie/ d'/
Une/
Harpe///

///
J'/Ai pour Cœur/
Brisé/

Un/ Soupçon/ De
Corolle/s/

Drôle/s///

/
Pour/ Vision/
Tranchée/
///
Tes Yeux/ Sertis
De/ Khôl///

me/ Disent/
Que/ Je Suis///

Troublé/// X/

Que/ je/ N'/Ai Rien
Vu///

'AKA'

171.

J'/Écris
/ma// Poésie/

*comme/ Une
Improvisation/
De/
Saxophone///*

/// Place/ Les Mots
En/ Horizon/s/
*comme/
Un Staccato/ De
Violon/s/*

///
Déclame/ mes
Textes/
D'/Une Voix/
Grave/
*Aux Allures/ de
Contrebasse///*

*/
Écoute/ Les
Oiseaux/* Au Matin
En/ Mélodie/s
De/ Flûte/s
Traversière/s///

'AKA'

172.

Tel Un/
Papillon/ *Blanc/*
De/
Nuit///

Tel/ *Un Papillon
D'/Arabie/*

D'/Éthiopie/

Du/ Yémen///

/
Je Ne Sais/ Où
Cela/
me/ Mènera///

Mais J'/Écris/
De/
La/ Poésie///

→

///Ami/e////
///
Quel Papillon/
T'/A/ Compté
Fleurette/
Pour que Tu
Juges/
mon/ art///
En/ Vain///

/ / /???/ Je Suis/
Derviche/

Je Psalmodie/

Pour Un Brin/
De/
Rien/// *Ou*
Tourments/
De Pétales///

'AKA'

173.

La Poésie Est/
Le/
Réel/ X/
Inversement//

/
Sans Poésie/
Rien/ Ne
Serait/
Possible///

/
Sans Flore/ Tacite
Rien//
N'/Inciterait
A/ La/
Pudeur///

/
Le Contenu/ Est
Calligraphie///

La/ Mélodie/
Est/
Silence/s/ De//
Prières///

'AKA'

174.

Y/ A pas De/
Preuve/s/
De/
L'/Origine//
De/
Qui que ce Soit

Ni/ De La/
Religion///
Ou/
De/ La/
Rage/
Au Ventre///

///
Une Pruderie/
D'/
Estime///

Vaut Bien/ Un/
Semblant/
De/
Prose/s///

///
Une/ Issue/ En
Terrorisme/

Une Poésie/
En/
Avertissement///

'AKA'

175.

Je/ Suis/ Perdu
Dans/
Un/ des//
Désert/ d'/
Iran///

///
Je Tombe/ En
Vertiges//
Au/
Milieu/ d'/Une
Danse/ De
Gazelles///

///
Perçois/ Une/
Vision/
Imamique/
De/ Lune//
Tranchée/ Au/
Summum///

///
Vain/ Ou/
Réel/
Le Tourment/ me
Ravit/
comme/ Une
Aurore/ Ou Une
Aube/s/// /AKA/

176.

Je/ Ne crois/
Pas/
Avoir// Aimé//
A/ Demie/ Mesure///

///
Ni/ Avoir/ Défié/
Le/ Réel//
De/
La/ Poésie///

Aurifié/ /
X/
Vaincu/ / /

A/ L'/Idée/ de
Ne/ Plus
Frémir/ / /

A/ Fleur/ De
Poétique/s/ / /

De/ Poète/ En
Floraison/s///

De/ Pastiche/
De/ Velours/
De/ Rose/s///

Je/ Suis/ Ivre
Dansant/ / / /AKA/

177.

En/ Dissertant/
Sur/
Les Colombes/
X/ Les/
Roses///

/
*J'/Ai Gardé/ Une
Saveur/
De Tourment/s
X/ De/
Presqu'Île/s//
Dans/
ma/ Bouche///*

///
De Faux Ivrognes
Sont/
Venus/ me Défié
En/ Poésie///

*/// Je Leur Ai/
Répondu/
Par des Paroles
Difficiles/*

*X Quelques/
Métaphores/ De
Derviche/s//*

'AKA'

178.

Je/ Suis Très
Honoré/
d'/Avoir Bu du
Vin/
Dans ma Vie///

/ /

*Je Suis/ Très
Libre
d'/Avoir Été/
Un/ Peu/ Trop//
Ivre/ X/
Un Peu/ Trop/
Gai///*

///
J'/Ai Pour/
Droiture/ La Lune
Tranchée/
Qui T'/Avertit/
Gauchement///

/ /
*Que Le Summum/
De/
L'/Art/ Est L'/
Horizon/ Du Désert
X/ qu'Elle Règne/
Sur Les Dunes/// /AKA/*

179.

Mon/ Frère m'/A
Dit/

J'/Aimerai bien
T'/Emmener/
En *Orient*///

Pour qu'/On
s'/Allonge Sur La
Natte///

A Coté/ d'/
Un/
Narguilé///

Je/ Suis Honoré/

d'/Avoir Su/ Te
Dire///

Que Les Saveurs/
De/ Pêches/ X/
De/ Mandarines///

Se Marient/
Bien/

Avec///

La Rareté/ Du
Réalisme/ Poétique/ /AKA/

180.

Sur/ L'/Horizon
d'/Arabica/s//

///
Se/ Manifeste/

L'/ 'AKA'

Le/ Khôl///

*d'/
Étourdissement
Du/ Sahara///*

Je/ Suis/ Assis

Sous /Tente///

De Prestiges/

Du/ Désert/s//

///
Ivre/ De Thé/s/

De Cercles /Ébène/s

De Couleurs/ Du
Soir///

Mêlés/ Aux Saveurs
De Pêches///

X/ Aux Pétales/
De/
Fleurs///

'AKA'

181.

Assis/ Sous Une/ Tente///

///
J'/Interroge///

Les/ Mirages///

*/ / / Le Réel/ X/ L'/
Irréel/ / /*

Face/ Au Noir/

De L'/Arabica///

X/ Au Vert/// des Feuilles/

De/ Thés///

/// Je Suis/ Ivre/
De
Poésie///

*d'/ Un Envol/ De/ /
Colombes/ / /*

Qui/ Ne Vient/ Jamais/ / /

Je Lutte *En/ Silence/
s/ / /* /AKA/

182.

Un/ Soir/ Où La
Lune/ Est//
Haute///

///
Une Nuit/ Où La
Clarté/
Est d'/Albâtre///

/ / /
Je Suis Nègre/
Aux/
Dehors/ / /

Étourdi/ *Aux Dedans*
d'/Arabisme/s///

De Flore/s Croquée/s/ / /

/ / /
Poète/ / Géomètre/ / /
X/ Artiste

Je Bois Un Thé/
Sombre/ /
X/ me Laisse Évoquer
Quelques/ / /

Fleurs///

'AKA'

183.

Si/ J'/Ai Marché
Droit/
Ce N'/Est point
Pour/
Recevoir/ des
Honneurs///

///
/// c'Est parce
Que/ je Sais
/Qu'/Une Fleur/
Ne
Pousse Sur Un/
Chemin//

Pour Un Vain/
Sourire///

/
Je Ris De Boire
Du Vin///

/// Je Prie/ d'/
Un/
Air Serein///

En Une Mélodie/ De
Silence/s///

'AKA'

184.

Les/ Oiseaux/ Sont
Les/ Dignes/
Héritiers/

*Des/ Sages/ Du
Désert/ / /*

*/ / / Ils/
Voyagent/ De
Dunes/
En/
Dunes/ / /*

Sans/ Jamais/
Songer/
Aux/
Lendemains///

*/ / /
Verse Toi/ Un Peu
De/ Thé/
Sous Le Tente/ / /*

Avec moi/ / /

*/ / / Improvise/
Quelques Vers/ / /*

*/ / / Rivalise/ En/
Poésie /AKA/*

185.

Que Je/ Sois/
Arabe/
Ou/ Pas///

N'Est pas le/
Problème///

/ / /
Que Tu Poses/

La Question/ que
Je/
Le Sois/ Ou pas

Prouve/ que je
Le/
Suis/ / /

/ / /

J'/Ai Le Désert/

Pour/ Patrie/

X/ Le Creux/ De
La/
Dune/ Pour/
Reconnaissance///

Je/ Suis/

Une/ Colombe/

*d'/Éclipse// De
Nuit/ De Dunes///*

'AKA'

186.

Pas/ Une Gloire

///
Pas/ Une Gloire

Ne fait/ Ombre

///
A La Fleur/ des
Pauvres///

///
/// Je Vis/// Un
Instant///

Qui N'En/ Finit

Jamais///

Pour Être/ la/
Proie/
d'Un Instant///

Qui Jamais/ Ne
Fut///

'AKA'

187.

Je/ Suis/ Très Digne/

///
X/ Très Honoré/

d'/Avoir *Bu* Du Vin///

///
/// *L'/Amour Est Toujours/*

Le Dépassement/
De/
La/ Condition/
Raciale///

///
Je Sertis/ mes/ Yeux/
De/ Khôl///

J'/Esquisse/ Une Poésie///

Je/// Célèbre/ Les Fleurs///

'AKA'

188.

Vous Pensez/ que
Vous/
Connaissez/ L'/
Al/ Khôl///

/// Mais Vous/ Ne
Le Connaissez/
Pas///

///
Vous Pensez que/
L'/Interdit/
Est/
Drôle///

/// Mais Il A/ Le/
Goût/ Du
Vin///

///
Je Suis Doux d'/Être
Ivre///

Perdu/ Un/ Moment///

///
Poète/ De/
L'/Évanescent///

Un/ Instant/ Soul. /AKA/

189.

Les/ Quelques//
Pétales/
d'/Une Fleur///

/Suffisent / / / /

A/
Reconnaître Son//
Parfum///

/// Je Ne Sais/
Rien///

*/ / /
J'/Ai Le Goût/ X/
La/
Saveur/ d'/Un/
Thé/ Sombre/ / /*

Pour/ Embellir/ La
Vie/ *d'/
Un Automne / / /*

'AKA'

Bio X Infos
Bio/Contacts/Liens /Infos ArtWork/s/ Bibliographie/s /Notes & Conseils De Lecture/

Conflit/ Poétique

X/ Défi/s/
Artistiques///

Sont Les/ Enjeux/
De L'Art/

Face/ A La Misère/

*De Ne Savoir/
Vivre/ / /*

Le Cœur/ De Poésie

Exquis/

Déploie/ Ses Ailes///

'AKA'

Bio

AKA Louis est un Poète et Créateur de Dessins Artistiques, Auteur d'Opus Poétiques Littéraires, Audio et Visuels. AKA Louis publie régulièrement de nombreux ouvrages, parmi lesquels, des Recueils de Poésie, évocateurs, et rafraîchissants, ainsi que quelques Recueils d'Esquisses Couleur, accompagnés de Textes liés à des thèmes forts et inspirants.
Les Dessins Artistiques d'AKA Louis, sont des Créations qu'il nomme 'Esquisses Colorées', et qui se situent entre le Dessin et la Peinture...
Pour exprimer et partager, son goût d'une Vie Intérieure fleurie, et positive, AKA Louis utilise les Feutres à Alcool, Les Pinceaux, L'Encre de Chine, et toute une variété de pointes fines et biseau traçant la Beauté du Monde, et l'Originalité saisissante de l'Art de Vivre authentique.
Les OEuvres Graphiques d'AKA Louis tendent, en partie, à se diriger vers la Peinture sous une forme expressive et abstraite...
Le Nom de Plume d'AKA Louis, fait d'abord référence, par Jeu Phonétique, au vocabulaire Japonais, mais peut aussi s'interpréter selon une lecture originale de différentes Langues Orientales.

On y retrouve les Notions de 'Frère Ainé', d'émotions liées à la Couleur Rouge, à la Clarté et à la Lumière, ainsi qu'à l'Ivresse, à la Marge et au Plaisir de Vivre. AKA Louis est également Musicien et Lyriciste sous un autre nom d'Artiste, en tant qu'Auteur, Compositeur, et Interprète de nombreux Projets Musicaux.

AKA Louis, Veut Dire,
Alias Louis.

Contact

akalouis.plume@yahoo.fr

- Liens -

Twitter

@AKALouisPoete
https://twitter.com/AKALouisPoete

Facebook

https://www.facebook.com/akalouisecrivain/

YouTube

Chaîne :
AKA Louis/Poète x Illustrateur

Tumblr

http://akalouisecrivain.tumblr.com/

AKA Louis/*Silent N' Wise*

http://akalouis.silentnwise.com/
www.akalouisportfolio.silentnwise.com

Ouvrages de l'Auteur
(Liste Non-Exhaustive)

Les Axiomes Démasqués
(Recueil de Textes et Nouvelles) (2015)
(...)
Le Recueil D'Esquisses Colorées
(63 Croquis Colorés et 7 Textes Poétiques)
(2017)

(...)

The Colored Sketches Collection
(63 Colored Sketches And 7 Poetic Texts) (2017)

Derviche/s
(Portraits d'Anachorètes en Peinture/s)
(2018)

Dervish/es
(Portraits of Anchorites in Sketche/s)
(2018)

Le Frère
(Salutations à Mes Frères en Ivresse/s)
(2018)

Ô, Rose Noire d'Iran
*(Pèlerinage Vers L'Unité
Interne de La Beauté)*
(2019)

Vision/s
*(Éloge de L'Intuition Pure et de
La Vision Interne Sans Formes)* (2019)

Le Disciple de La Colombe
*(Une OEuvre Poétique En
Hommage à Malcolm X)* (2019)

La Proclamation du Raisin
*(Manifeste Poétique
d'Ivresse/s & de Délivrance)* (2019)

La Rose Andalouse (2020)
(Patchwork de Poésie x de Culture/s)

La Coupe de Vin &
L'Arabisme
*(Ou La Voie Poétique
des Lettres & des Versets)* (2020)

L'Origine du Martyr
*(Entre Le Mensonge & La Danse,
Sans Fin/s...)* (2020)

Masques & Géométrisme/s
*(Abstraction/s X Parallélisme,
Entre L'Orient & L'Art Premier) (2020)*

Les Lettres d'Arabisme/s
*(Manifeste d'Engagement Poétique
De Versets & de Lettres) (2020)*

Audio x Vidéos
(Opus Sonores x Visuels)

Films Poétiques
(s/ YouTube)

POEMes CRISToLIENs #1
(Créteil, La Cité De L'Aube, Part 1 x 2)

POEMes CRISToLIENs #2
(Peinture Murale, Part 1 x 2)

Un Poète…
(Esquisses de Déclamation/s Poétique/s)

Les Poèmes d'AKA – Série de Vidéos

ô, Rose Noire d'Iran/ *La Déclamation…*

Le Disciple de La Colombe
– *L'Éloge…*

L'Oasis du Réel
(Un Film d'Art & de Poésie)
(A Paraître…)

Opus Audio
(s/ Bandcamp)

POEMes CRISToLIENs #1
Créteil, La Cité de L'Aube

POEMes CRISToLIENs #2
Peinture Murale
/Un Hommage Au Graffiti

Corolle/s

ô, Rose Noire d'Iran/ La Déclamation

Entre 2 Indes

AKA Louis - Conseils de Lecture /1
(Introduction x Aperçu)

Mes Meilleurs Ouvrages Sont mes Recueils de Poésie. Ce sont les seuls que Je Conseille, aux Lecteurs, désireux, de connaître ma Littérature. Les plus Notables sont, mes derniers Ouvrages, depuis 'Le Recueil d'Esquisses Colorées'. Les Ouvrages Antérieurs Sont Moins Réussis. 'Ivresse de l'Eau', qui évoque le Temps Originel, comme une bonne part de mes livres, de manière plus ou moins évidente, est un Livre intéressant, mais il contient des maladresses, tout comme 'Origine/s', qui reste un Ouvrage audacieux. Mes autres Travaux sont plus ambigus, en termes de valeur littéraire, et d'interpellation du lecteur, selon moi. 'Les Axiomes Démasqués', m'ont valu d'excellents commentaires, et critiques de lecteurs, captivés par sa narration, et sa singularité, mais sa syntaxe, et son esthétique formelle, reste pour ce qui me concerne, plutôt, inaboutie… C'est un livre, particulier, que J'ai écrit, pour régler, une dette, que J'avais envers la Vie… Je ne le conseille pas nécessairement, mais, il reste disponible à la lecture. 'Asymétrie Paradisiaque', et 'Ballade Anti/Philosophique', ne sont plus disponibles depuis le mois de Mars 2018…

AKA Louis,
Poète X Illustrateur.

AKA Louis - Conseils de Lecture /2
(Les Meilleurs Ouvrages)

Les ouvrages publiés à partir du 'Recueil d'Esquisses Colorées' seront a priori d'un intérêt littéraire plus solide que mes tout premiers travaux poétiques, mais aussi d'une maîtrise plus aboutie en termes de proposition littéraire. 'ô, Rose Noire d'Iran' est, dans le fond comme dans la forme, un de mes meilleurs projets. Voici, dans un ordre aléatoire, une liste de mes ouvrages les plus incontournables :

'Le Recueil d'Esquisses Colorées'
'Derviche/s' / 'Le Frère'
'Ô, Rose Noire d'Iran' / 'Vision/s'
'Le Disciple de La Colombe'
'La Proclamation du Raisin'
'La Coupe de Vin & L' Arabisme'
'L'Origine du Martyr'
'Masques & Géométrisme/s'
'Les Lettres d' Arabisme/s'
'L'Oasis du Réel'

Nos Ouvrages Publiés Depuis 2019, Sont Les Meilleurs, Les Recueils de Dessins, Mis à Part, Pour Les Opus Importants...

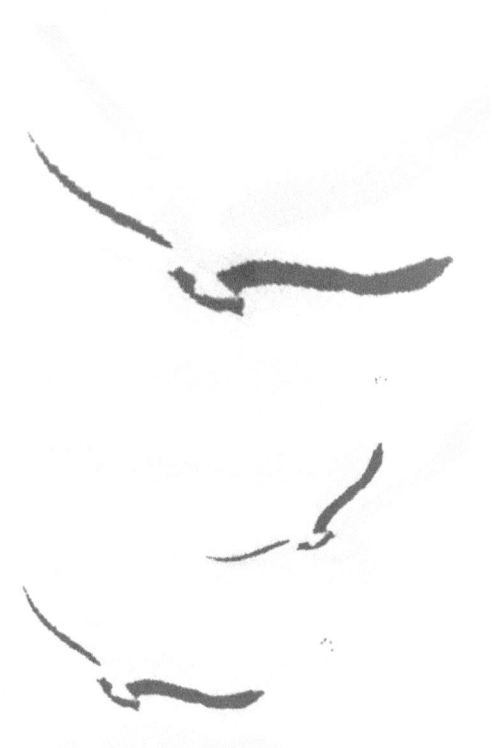

AKA Louis

L'Oasis Du Réel

Voilà/ L'/
Enturbanné/ De//
Songes///

/Le Noble/ Voyageur

/
L'/Ami Du Désert/

///
Qui me Tend La//
Main///

/
A moi/ Les Dunes

///
Le Cœur De L'/
Oasis///

///
Les Vertiges/ Du Réel

/// L'/Horizon/
Est Poésie/s///

'AKA'

Comme/ Le Cygne
Sur/
Le/ Lac//

/ô/

Comme/ La Rose/
Qui s'/Épanouit
De/ L'/Ivresse///

/
Le Matin/ N'/A pas
Dit/ Son/
Dernier/ Mot///

L'/Aurore// A douté
De/ s'/Être
Appelée/ Nuit///

'AKA'

Le Cœur/ N'/A pas
De/
Couleurs///

/
Je/ Suis/ la/
Limite/
Du/ Cœur///

/
Il Y/ A/ Une
Justice/
En/
Amour///

/// Il Y/ A/ pour
moi/

Une/ Petite/ Fleur
Sombre///

X/ Un Thé/ Ébène//
Au/
Lever/ Du//
Matin/// /AKA/

J'/Ai ma/ Manière
A/ moi/ De
Parler/ L'/Arabe

/// Entre/ les/
Colombes/
Les///
Roses///

X/
/// Le Mouvement/
Des/
Dunes///

/
*Il Y/ A/ Une/
Chorégraphie/ des
Oiseaux/ / /*

Qui/ Dessine///
Une/
Calligraphie///

'AKA'

L'/Amour Est Un Marginal///

/
Derviche///

Je m'/Étourdi/ De Quelques/ -Herbes/

Tassées// Dans Une Corne/ d'/Antilope///

En/ Provenance// d'/Arabie/s///

/
Un Thé Sombre/ A Portée/ De/ Main///

'AKA'

Sois/ Honoré/ X/
Digne/ d'/
Être/ Seul///

/// Sois/
Derviche/

X/ Enivre/ Toi
d'/Un
Thé/// Sombre/

'AKA'

Appelle, *moi,*

Monsieur, Hassan /

/ / / Appelle, *moi /*

Homme De Cœur /

'AKA'

Médite/ Sur/ Tes
Paroles///

Avant/ De/ T'/
Adresser/
A/
L'/Orphelin///

///
Tu/ Sauras/ Un/
Jour/
Ce/
Qu'/Être/ Seul/ Veut
Dire///

'AKA'